歴史戦と外交戦

日本とオーストラリアの近現代が教えてくれるパブリック・ディプロマシーとインテリジェンス

山岡鉄秀
Tessyu Yamaoka

山上信吾
Shingo Yamagami

ワニブックス

はじめに……山岡鉄秀

「今の駐豪日本大使は我々と歴史観が同じで、中国の戦狼外交と正面から戦う人なんだよ。訪問する予定があるから、現地で会わないか？」

歴史認識問題に取り組んでいる学者の先生から電話をいただいたのが、私が山上信吾前駐豪特命全権大使の存在を知るきっかけでした。「そんな人がいらっしゃるならぜひともお目にかかりたい」と思ったことは言うまでもありません。その気になって訪豪計画を立てようと思ったら、大使の帰任が決まってしまったとのこと。他国に転任だろうと思っていたら、なんと退官されてしまいました。先述の学者先生から「本省の中国への配慮でしょうね」と言われました。落胆しましたが、幸い、オーストラリアで山上大使と交流のあった友人から連絡先を入手でき、私が進行役を務めるネット番組（文化人放送局）にご招待することができました。私のことをご存じでいらしたとのことで感激しました。その後交流を重ね、今回の対談本の出版まで実現したことは身に余る光栄です。

私は現在、政治外交問題を追いかけて様々な発信を行っていますが、そのきっかけとなったのは、長年住んでいたオーストラリアのシドニーに反日活動の波が押し寄せ、中韓の反日団体が結託して駅前公有地に慰安婦像を建てようとした際、現地の邦人やオーストラリア人住民と協力して阻止活動を行ったことでした。なぜ平和なオーストラリアにまでオーストラリアと無関係な反日活動が持ち込まれたのか。その背景を知ろうと思えば、歴史や外交について理解しなければなりませんでした。結果として急に政治のことに目覚めることとなり、強い危機感を覚えて学習を始めました。シドニー総領事館を訪れたり、日本に帰国した際は外務省本省や永田町を訪ねて政治家に会ったりもしました。人間は意識が変われば行動も変わるものです。

その過程で、私は日本が抱える歴史的、構造的問題に直面することになります。ひと言で言えば、日本という国は21世紀に入って10年以上経っても、依然として戦後占領期につくられたレジームの中で生きていました。生真面目なのか、主体性がないのか、日本人は一度敷かれたレールを情勢の変化に応じて自ら変更することができないのです。その象徴のひとつが、占領軍（GHQ）がドラフトした日本国憲法を一字一句変えずにそのまま使い続けていることです。これには当時ドラフト作成に携わったアメリカ人も驚き呆れるわけですが、真の問題はそのことを恥ずかしいと思わない日本人のメンタリティなのです。完全に領民メンタリティなのです。歴史問題についても、いつまでも平身低頭して謝ることしかしないから、中国や韓国に「日本人は歴史問題さえ持ち出せば膝を屈する」と思われてしまっています。しかし、理解を示してくれる政治家も少数ながらいましたし、私が接した外務省関係者は総じて協力的でした。

役人信仰が強い日本人は、何かあると直ぐに「外務省は何をやってるんだ」と外務省を責めます。しかし、外務省は外務省で微妙な立場に置かれています。慰安婦像を建てようとする反日団体は、表向きは民間団体を装っています。もちろん、背後には外国政府がいて、工作員が暗躍しています。シドニーに突然日本の戦争犯罪を糾弾する中華系反日団体が設立され、韓国人団体に慰安婦像設置を呼び掛けましたが、そんなことは自然発生的には起こりません。中国政府の関与が強く疑われます。韓国の朴元淳《パクウォンスン》ソウル市長などは、市の予算から反日活動家を支援していました。（朴市長は2020年7月に自死）しかし、反日活動団体はあくまでも民間団体という体裁ですから、日本政府（外務省）が直接関与すると国家権力の介入と見做《みな》されて批判されやすくなってしまいます。難しい立場に置かれてしまうのです。

だから、こちらも民間団体が市民の立場で立ち上がって対峙《カウンター》することが望ましいのです。そのうえで、外務省には外務省にしかできないことをやってもらいます。それは主に、連邦政府や州政府や市長や市議会などへのアプローチです。そういうことはこちらでもやりますが、外務省ならより高いレベルに接触できるはずです。民間と政府がまったく別々に行動しながら、目的遂行のために戦略的整合性が保たれることが望ましいのです。シドニーでは実際にそれが実現していました。

しかし、私はあることを感じていました。それは、私が接する現場レベルの外務省職員は日本の名誉を守るために尽力してくれますが、外務省の上層部へ行けば行くほど、戦後（敗戦）

レジームにすっぽりとはまっているのではないかという疑念です。その路線を外れたら一定のレベル以上への出世は未だに困難なのではないでしょうか。これは本書の山上前駐豪大使との対談の中でも触れていますが、私は日本の政治家が発する様々な談話の外務省による英訳に強い違和感を感じていました。ひとつは、なぜか英訳の方が強い表現で日本の行為の犯罪性を強調していること。二つ目は、日本語の抒情的表現（本質的な意味はない）を一字一句直訳することで、英語話者に大きな誤解を与える表現になっていることです（詳細は本文で）。このようなことが行われ、是正されない背景には、外務省の上層部は未だに戦後自虐史観に染まっており、歴史問題に積極的に対処することは得にならないという発想が蔓延《まんえん》しているのではないか。中国や韓国の横暴に対して毅然とした態度をとれないのは、上層部にそのようなカルチャーが存在しているからではないか、と思わずにいられないのです。

もちろん、政治がしっかりとした指針を示せなければ外務省も変わりようがありません。首相も外務大臣も、アメリカの圧力に屈して日本の名誉を深く傷つけた「河野談話」を上書きすることもできません。アメリカが日米韓の連携の乱れを心配するのはわかりますが、韓国に譲歩すれば譲歩するほど韓国が増長し、逆に関係が悪化してしまう現実も説明できません。それどころか、自分の発言が国際社会に英語でどう発信されているかを確認しようともしないのです。日本の政治家は首相も外務大臣も、村山談話や河野談話がどう英訳されているか、チェックもしていないというのです。これでは外務省に対して的確な指針など出せるはずがありません。

さらに近年の大きな変化は、中国の外交姿勢の変化です。中国は鄧小平《とうしょうへい》以来、「韜光養晦《とうこうようかい》」（爪を隠し、才能を隠して、勝機を待つ戦術）と呼ばれる外交方針を採用してきましたが、習近平《しゅうきんぺい》以降はそれが「戦狼外交」へと変化しました。自信を回復した中国は、相手国を威嚇《いかく》し、恫喝することも厭わない外交姿勢に転じたのでした。国内で反日教育を徹底し、戦狼外交で恫喝してくる中国に対して、これまで通りの謝罪外交では到底太刀打ちできないのは明らかです。

このような変化著しい国際環境と外務省上層部のカルチャーに直面しながら、戦狼外交に負けない積極外交を展開して大きな成果を上げた山上前駐豪大使は特異な存在です。従来の「相手をできるだけ刺激せず、目立たないのが得策であり、好かれるために援助だけを一生懸命やる」という日本外交を１８０度転換して、メディアの取材からも逃げず、積極的に発信しながら味方をたくさんつくり、「キャンベラNo.１大使」と呼ばれる存在感を示しました。

積極的に発信すると言っても、言いたいことを言い放つということではありません。言葉を慎重に選び、巧みな表現でポイントを突いて鋭く反論しながらも、共感者を増やしていくという、極めて高度な手法を駆使したのでした。戦後、日本という国は、その経済力に比して、国際政治における存在感は希薄でした。安倍政権が唯一の例外ではありましたが、外交官の立場でここまで日本の存在感を示し、かつ、ホスト国から高い評価を受けることが可能であることを示したのが山上前駐豪大使でした。帰国時に3人の首相経験者からのメッセージ入りの腕時計を贈られたエピソードは日本外交における金字塔だと言えるでしょう。

一方、私は無名の民間人の立場で、欧米メディアの取材を積極的に受けてこちらの立場を説明しました。その時に重要視したことは、中韓反日団体に反論することよりも、部外者であるオーストラリア人に理解され、共感を得ることでした。簡単に言えば、味方を増やすこと、少なくとも敵を増やさないことです。その際、私は慰安婦の強制連行や性奴隷化については論理的に否定しながらも、慰安婦という職業に就かなくてはならなかった女性たちへの同情は必ず示しました。「慰安婦は売春婦でした」と切って捨てる向きがありますが、それを英語に直訳されたら反発を買うことは必至です。弱い立場にあった女性を見下し、侮蔑するニュアンスが出てしまうからです。また、「強制連行があった証拠はない」という言い方もよくありません。正面から向き合わずに逃げている印象を与えてしまいます。発言する政治家に英語で議論する能力がないし、外務省もそれを補おうとしないから、拙劣な表現がさらなる反論や批判を招く悪循環に陥ってしまいます。

ことほど左様に、デリケートな問題で効果的な発信を行うのは容易ではなく、長らく日本の政治家も外交官も「日本はもう謝りました」という安易な答弁で逃げることがほとんどでした。河野談話やアジア女性基金の資料を示して「もう謝ったし、こんなに努力しましたよ」という逃げの説明に終始するだけなら一般人でもできます。職業外交官なら、高度な技術を駆使して日本の名誉を守ってほしいものです。

それを初の大使経験で見事にやり遂げたのが山上前駐豪大使でした。コロナ蔓延の最中にリスクを冒して来日したモリソン豪首相が、当時の菅義偉《すがよしひで》首相に「山上大使の任期をぜひ延長してほしい」と申し入れたのは前例のないことだったでしょう。

私はもちろん、何の訓練も受けていないど素人の民間人です。海外のグローバル企業で長年働いた経験を活かしただけですが、素人なりにいろいろ工夫したて闘ったので、山上大使の高度な技術には大いに共感すると共に感嘆するのです。エリートの職業外交官と様々に共鳴できることは存外の喜びです。

この対談では、一般にあまり知られていない日豪の歴史を振り返りながら、官民それぞれの観点から積極外交の意義と必要性、中国戦狼外交や韓国告げ口外交と闘った実践例、外交とインテリジェンス・安全保障の関係、さらに日本の敗北主義外交の改善策にまで幅広く言及しました。残念ながら山上前駐豪大使の任期延長も、第三国への赴任も実現しませんでした。日本外交の在り方を変えるには、政治家や外交官の意識を変えなければなりません。

しかし、それを成し遂げるためには日本国民の意識が向上し、政治家や外交官への期待値が全体的に高まらなくてはなりません。この本がその一助となれば存外の喜びです。

第一章 実は激しく戦った知られざる日豪史

第二章
国益を守れ！　歴史戦という未来を守る戦い

第三章

外交とメディア対策

第四章 戦狼外交と日本外交敗北主義の宿痾

第五章 日本外交をどうやって立て直すか？

装丁・本文デザイン　神長文夫＋吉田優子（ウエル・プランニング）

※敬称につきましては、一部省略いたしました。
　役職は当時のものです。
※写真にクレジットがないものは、パブリックドメインです。

第一章

実は激しく戦った知られざる日豪史

オーストラリアに衝撃を与えたダーウィン空襲

山岡鉄秀（以下、山岡）：山上先生は駐豪日本大使在任中、オーストラリアと非常に友好な関係を築かれました。しかし、一方で日豪の歴史を紐解けば、実は第二次世界大戦で両国は激しく戦い、その傷跡をしばらく引きずったのもまた事実です。日豪の友好関係は決して一夜にしてできたわけではなくて、オーストラリアが日本に対して、かなり厳しい姿勢を保っていた時代もありました。

山上信吾（以下、山上）：おっしゃる通りです。日本ではあまり知られていませんが、日豪両国は第二次大戦中にシンガポール、ガダルカナル、ニューギニア等で激しく干戈《かんか》を交えています。そして、連合軍の戦争捕虜（POW：Prisoner of war）に対する日本の厳しい待遇への反発もあって、日豪間には戦後長らく遺恨が残りました。

山岡：第二次大戦中の日豪間の激しい戦いを象徴する出来事として、ダーウィン空襲があります。日本人は1941年12月8日の真珠湾攻撃についてはよく知っていますが、実は真珠湾攻撃に参加した空母のうちの4隻、すなわち赤城・加賀・蒼龍・飛龍という編成で1942年2月19日にオーストラリア北部のダーウィン港を空爆したという史実についてはほとんど知られてい

ダーウィン空襲、日本軍の第一次空襲（1942年）

ません。しかも、この空爆はかなり本格的に行われ、戦後もしばらくダーウィン港は沈船により使えないぐらいの状況に陥りました。それが当時オーストラリア人に大変な衝撃を与えたんですよね。

山上：ダーウィンは北部準州にあるオーストラリア本土の都市です。オーストラリア本土を攻撃した国は後にも先にも今のところ日本だけですから、オーストラリア人にとっては忘れられるはずがありません。ある種、真珠湾攻撃以上に相手国に衝撃を与えた、痛烈な記憶となっていることは間違いないでしょう。

しかも、真珠湾攻撃は単発の攻撃に終わりましたが、ダーウィンは何度も繰り返し空襲されました。

第1回の空襲は、1942年2月19日に零戦37機を含む、188機の攻撃によって始まり、この攻撃でオーストラリア側は250名以上が死亡し、約400名が負傷しています。日本軍による空襲はその後、1943年11月まで続き、全部で64回に達しました。

山岡：当時オランダ領東インド（現在のインドネシア）への侵攻作戦を展開していた日本軍に

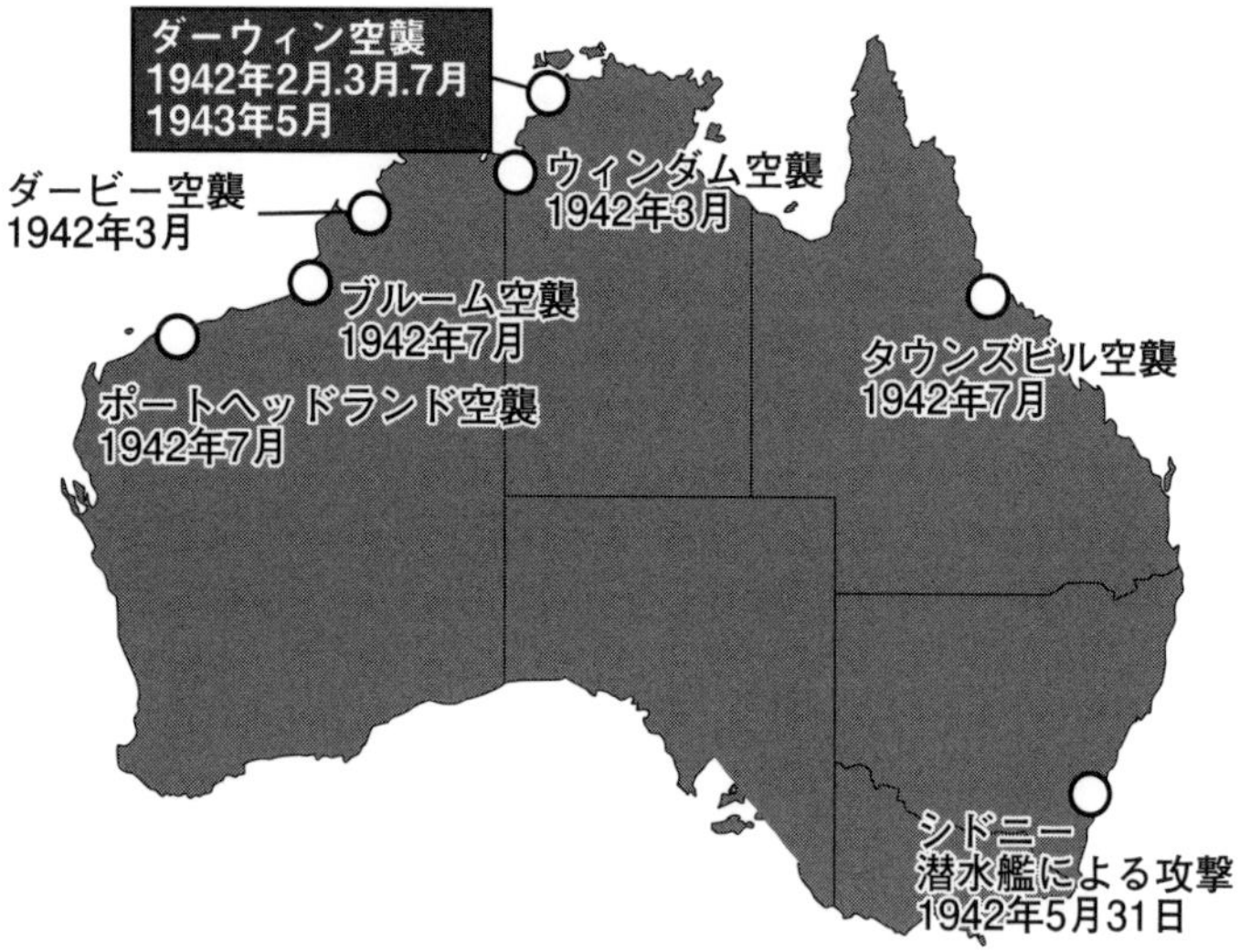

日豪戦争（日本軍によるオーストラリア攻撃）

とって、ダーウィンは連合軍の重要な反撃拠点になるおそれがありました。

　実際、ダーウィンには、すでに駐屯していた数千人のオーストラリア軍兵士に加えて、３０００名のアメリカ軍兵士が１９４２年１月に到着していました。こうした背景があって、ダーウィンが狙われたわけですよね。

山上：ダーウィン空襲は当時の日本の立場から見れば、十分な軍事的理由がありました。

　ダーウィン空襲の直前の2月15日には、イギリスの統治下にあったシンガポールが「マレーの虎」こと山下奉文《ともゆき》中将率いる日本軍の攻撃によって陥落しています。

　この陥落で、ダーウィンは、オランダ領東インドから連合国軍が退却する脱出経路のひとつになっていました。また、ダーウィンが連合軍の軍事基地として強化されると、日本軍の南進政策にも都合が悪い。ここを叩かなければいけないと当時の日本軍が考えたのは当然だと言えるでしょう。

もうひとつ付け加えて言うと、ダーウィン空襲は日本が宣戦布告した後の攻撃なので、不意打ちの奇襲ではありません。当時すでにシンガポールが陥落していたので、オーストラリアは戦争に備えないといけない状況にあったのです。

つまり、すでに戦争が始まっているんだという意識がオーストラリア側にも十分ありました。そういう意味では、ダーウィン空襲は、日本軍の戦争中の軍事行動として当然だったと言える一面があります。

シンガポール陥落。市街を行進する日本軍（1942年）

私は過去に何度もオーストラリア人から「ダーウィン空襲はプロフェッショナルだった」と聞かされました。

要するに、無辜《むこ》の市民を無差別に狙った攻撃ではなく、軍事目標に限定された攻撃だったと、オーストラリア側から捉えられてもいるわけです。

ただ、それと同時にオーストラリア人にとっては、歴史上初めて外国勢力に自国本土を攻撃されたという、非常にショックの大きい出来事であったことも間違いありません。

敵の心臓部に特攻したシドニー湾攻撃

山岡：もうひとつオーストラリアにとって非常に大きなショックだったのが、1942年5月31日に行われた日本海軍の特殊潜航艇（母艦で目的地近くに運ばれて奇襲兵器等に用いられた小型潜航艇）によるシドニー湾攻撃です。

ダーウィンが北の遠隔地の小都市だったのに対して、シドニーはオーストラリア最大の都市であり、まさに心臓部にあたります。そのシドニーが敵から直接攻撃を受けたわけです。

もっとも、小さな特殊潜航艇でできる攻撃なんて限られています。シドニー湾攻撃で使用された「甲標的」という特殊潜水艇は、2人乗りで、魚雷も2本搭載しているだけでした。なので、ダーウィン空襲とは異なり、この攻撃にどれだけ戦略的な意味があったのかは疑問です。ただ、それを実行してきたことにオーストラリア側は大変な衝撃を受けたわけです。

特殊潜航艇による攻撃は、実際のところ一度出撃すればもう母艦には戻ってこられない、決死の特攻作戦でした。このシドニー湾攻撃でも3隻が出撃して1隻も帰還していません。

シドニー港攻撃に参加した日本海軍の巡潜乙型潜水艦（1940年）

山上：当時はオーストラリア側も警戒していたので、シドニー湾の入口に特殊潜航艇などの水中船舶が入れないような防護ネットを張っていました。3隻のうち、最初に発進した中馬艇（乗員は中馬兼四大尉、大森猛1等兵曹）はこのネットに引っかかって身動きが取れなくなり、シドニー湾の中に入れず自爆しています。

続いて発進した伴艇（乗員は伴勝久中尉、芦辺守1等兵曹）は、湾内に入ることに成功し、ガーデン島海軍基地に停泊していた米海軍巡洋艦シカゴに向けて魚雷を2本発射しましたが、いずれも命中していません。

1本は不発に終わり、もう1本が岸壁に当たって爆発し、その衝撃でオーストラリア海軍の兵員宿泊用船舶クッタバル号が沈没。オーストラリア兵19名・イギリス兵2名の計21名が死亡しました。その後、この伴艇は行方不明になります。

3隻目の松尾艇（乗員は松尾敬宇大尉、都竹正雄2等兵曹）も湾内に侵入できたのですが、オーストラリア海軍の爆雷攻撃を受けて、シドニー湾内のテイラー湾で沈められ、乗員は拳銃自決しました。

山岡先生のご指摘の通り、確かに戦略上はたして有効だったのかという問題もありますが、おそらく当時の大日本帝国海軍にあったのは「敵の心胆を寒からしめる」という発想だったのでしょう。「日本はシドニーまで攻撃してくるのか。手ごわいぞ」と敵に思わせたいという意図があったのは間違いないと私は思っています。実際、当時のオーストラリア市民の反応が今も記録に残っていますが、心理的な効果はかなり大きかった模様です。

日本兵の勇敢さを讃えたオーストラリアの軍人

山上：シドニー湾にあるクッタバル海軍基地では、毎年シドニー湾攻撃の戦没者（豪・英軍兵士21名、日本軍の特殊潜航艇乗員6名）を追悼する式典が開催されています。私も大使時代に二度出席しました。それはもう厳粛な儀式です。

その際に私が感じたのは、オーストラリア側の日本軍に対する配慮というか、一種の「敵ながらあっぱれ」という空気です。私が出席した際、オーストラリアの海軍司令官が私に「日本の海軍軍人は本当に勇敢（brave）だった」と吐露してくれたんですよ。

特殊潜航艇は、2人の人間が身を屈《かが》めて入らないと収まらないような、本当に小さな船です。

そんな密閉空間に何十時間も我慢して入り、暗い夜の海の闇の中、敵に気づかれないように、相手の懐に入り込んでいく攻撃を敢行した。これをもって、今を生きるオーストラリアの海軍軍人が日本の大使に対して「勇敢だ」と表現したわけです。それを聞いて、日豪間の戦後和解はしっかりと根付いているんだなと、すごく心強く感じました。

山岡：オーストラリア側はシドニー湾攻撃当時も日本軍兵士たちの勇敢さを讃えていますよね。戦闘後、海に沈んでいた中馬艇と松尾艇が引き上げられ、乗員4名（松尾大尉・中馬大尉・大森1曹・都竹2曹）の遺体はシドニー東部郊外の葬儀場に移送されました。そして、1942年6月9日にはオーストラリア海軍により、シドニー湾防衛司令官ミュアヘッド＝グールド少将の出席のもと、正式な海軍葬が挙行されました。その様子はオーストラリアの国営ラジオ放送が録音し、日本に向けても放送されています。

当時は日本軍によるオーストラリア北部への空襲が激化していたこともあって、当然と言えば当然ですが、オーストラリア国内には、敵国の日本兵に対して丁重な海軍葬を実施したことへの批判の声もあったわけです。

それに対して、グールド司令官は、7月下旬に国営ラジオ放送で日本兵に対する海軍葬を決定した理由について説明し、「日本兵に軍として栄誉を与えたのは、彼らの勇気が敵味方に共通する世界中で賛美されるべき勇気であり、彼らが最高の愛国者たちだったからだ。我々のうちに、彼らの払った犠牲の千分の一でも払う覚悟をしている者がはたして何人いるだろうか」といった主旨のことを述べています。

ちなみに、このグールド司令官の言葉は日本に向けても放送され、日本側からは「豪州海軍の騎士道精神による扱いに深く感謝し、日本海軍の武士道精神はこれを多とする。豪州海軍の行動を評価する。これこそが武士道に通じるものである」という反応があったそうです。

それから4名の遺灰は、日豪交換船に乗せられて8月にメルボルンを出発し、10月に横浜に到着しました。12月には山本五十六《いそろく》連合艦隊司令長官から戦勲を讃える感状が下され、翌1943年4月には呉で海軍合同葬が行われるなど、彼らは英雄として扱われたそうです。

シドニー湾攻撃の過去を乗り越えて開かれた感動的なセレモニー

山岡：残る1隻、行方不明になった伴艇は、長い間見つからなかったのですが、2006年11月にシドニー沖で発見されました。ただ、この伴艇は引き上げられていません。海中の墓標として敬意を払うという配慮から、シドニーを州都とするニューサウスウェールズ州の環境遺産局が伴艇を海底文化遺産として調査・保護しているそうです。

山上：本当に手厚いですよね。さらに言うと、オーストラリアは特殊潜航艇の乗組員の遺族をシドニーに招いて、慰霊祭も行っています。

1968年に松尾艇の松尾敬宇中佐（特殊潜航艇の乗員は1943年3月27日に二階級特進）の母である松尾まつ枝さんがオーストラリアを訪れ、シドニーでテイラー湾の沈没現場訪問とマーティンプレイスの戦没者記念碑での献花を行いました。当時の関係者が残した記録によれば、それはもう非常に心を打つセレモニーだったそうです。

シドニー湾、テイラー湾で引き上げられた潜水艦・松尾艇（1942年）

その後、まつ枝さんはキャンベラでジョン・ゴートン首相を表敬訪問し、国立戦争記念館でランカスター館長から松尾中佐が身に付けていた千人針（一枚の布に千人の女性が赤い糸で一針ずつ縫い、千個の結び玉を作った、弾よけのお守り）を返還してもらっています。

この千人針は引き上げられた松尾艇の内部から見つかったもので、戦後、国立戦争記念館に展示されていたのですが、調査の結果、松尾中佐の所持物だと判明しました。それをお母さんのもとにお返ししたというわけです。

シドニー湾攻撃という日豪間の戦いの歴史を乗り越えて、

まつ枝さんがオーストラリアに温かく迎えられた様子は、当時オーストラリア国内でも広く報道されました。クッタバル海軍基地内にある豪海軍資料館には、当時まつ枝さんが詠んだ「戦いのさ中に敵を弔いし尊き情とわに忘れじ（I can never forget the chivalrous attitude of those who mourned enemy's war dead in the midst of war.)」という歌が、引き上げられた特殊潜水艇の一部とともに大切に保管されています。

山岡：まつ枝さんは、カンタス航空の飛行機でシドニーに向かいました。すごい偶然なのですが、当時カンタス航空で唯一の日本人女性の客室乗務員がいて、実はその方は寺本さんという私の

松尾中佐らの勇気は敵味方関係なく世界中で賛美されるべきと紹介された（C）Australian War Memorial

シドニー攻撃の歴史にもかかわらず温かく迎えられた松尾まつ枝さん（C）Australian War Memorial

国立戦争記念館でランカスター館長から千人針を受け取る松尾中佐の母まつ枝さん（C）Australian War Memorial

友人なんです。東京へ帰国する便で、和服姿の小柄なまつ枝さんを見かけた寺本さんは、チーフスチュアードの計らいで、まつ枝さんと一緒に座り、フライト中ずっとお話をうかがったと聞きました。偶然お二人とも大分県の出身で、新聞で供養のセレモニーを伝える記事を見ていた寺本さんは泣きながらまつ枝さんのお話を聞いたそうです。

オーストラリア人の「心の傷」となった戦争捕虜問題

山岡：ダーウィン空襲やシドニー湾攻撃のように、外国勢力から直接武力攻撃を受けたことに対する衝撃もさることながら、やはりオーストラリア人にとって戦争の心の傷として長く残ったのは、戦争捕虜の問題です。事実が誇張されてる部分もあるとは思いますが、これが日本軍に対する悪評となり、戦後も非難され続けました。

代表的なものでは、映画『戦場にかける橋』の題材にもなったことで有名な泰緬《たいめん》鉄道の捕虜問題があります。

ご存じの通り、泰緬鉄道は第二次大戦中、日本軍がビルマ・インド侵攻作戦のために建設した、タイとビルマ（現ミャンマー）を結ぶ鉄道です。「泰」はタイ、「緬」はビルマを表します。全

今でも利用されている泰緬鉄道

泰緬鉄道建設に従事したオーストラリア兵とオランダ兵の捕虜

長約415キロメートル。1942年7月に建設が開始され、驚くべき工事の早さで翌年10月に完成しました。工事には連合国軍の捕虜や現地人が動員され、数万人におよぶ大量の死者を出したと言われています。

山上：海外では「死の鉄道（Death Railway)」の名でも知られていますね。

山岡：当時動員された連合国軍の捕虜の中で、実は多数を占めていたのがオーストラリア兵でした。泰緬鉄道建設に動員された連合国軍の捕虜約6万2000人のうち、オーストラリア兵捕虜は1万3004人で、その2割強にあたる2802人が死亡しています。ガリガリに痩せて帰還したオーストラリア兵の姿を見て国民が涙したという話もあり、オーストラリア人にとっては戦争の傷跡として記憶に残っている出来事です。

山上：オーストラリアに限らずイギリス、アメリカ、オランダ等に及びますが、旧日本軍の戦争捕虜の問題は本当に根強い遺恨を残しました。日本ではあまり知られていないかもしれませんが、シンガポール陥落時にはイギリス兵やインド兵だけではなく、オーストラリア兵もたくさんいました。そのため実に約1万5000人ものオーストラリア兵が日本軍の捕虜になっています。

また、シンガポール以外でも、ラバウルでは約1000人、オランダ領東インドのジャワ島やアンボン島、ティモール島でも約6000人のオーストラリア兵士が捕虜になりました。日豪の友好的な関係を維持していくためにも、オーストラリアとの間に起きた過去の出来事については日本人もちゃんと知っておくべきだと思います。

同時に、日本兵捕虜の体験をリアルに物語った会田雄次著『アーロン収容所』も必読の本です。

日本軍と豪州軍が激戦を繰り広げたココダの戦い

山岡：もうひとつ、第二次大戦中の日豪を語る上で欠かせないのは、ココダですね。日本軍は1942年3月からパプアニューギニアに上陸し、各地で連合国軍と激しく戦いました。なかでもオーストラリア軍と激戦を繰り広げ、多数の死傷者を出したのが、パプアニューギニアの内陸部に位置するココダという場所です。

当時日本軍は、連合国軍の基地があるニューギニア島南岸の都市ポートモレスビー（現パプアニューギニアの首都）を攻略する計画を立てていました。一方、連合国軍側は重要な拠点であるフィリピンを日本軍に落とされ、大将のダグラス・マッカーサー（当時南西太平洋方面の連合軍総司令官）がオーストラリアに退却して起死回生をはかっていました。つまり、連合国軍側にとって、ポートモレスビーはオーストラリア本土の最終防衛ラインとして非常に重要な場所であり、死守しなければいけない拠点だったわけです。

ココダ道の戦い（1942年）

日本軍は当初、海からポートモレスビーを攻略する「MO作戦」を計画しましたが、連合国側にその動きを暗号解読で事前に察知され、5月にオーストラリア北東部の珊瑚海で連合国軍と衝突。「珊瑚海海戦」と呼ばれる戦闘を繰り広げることになります。ちなみに、この戦いは、史上初めて、航空母艦を中心に構成される両軍の機動部隊の間で繰り広げられた海戦です。

珊瑚海海戦で痛手を負った日本軍は海路からのポートモレスビー攻略を断念し、陸路からの攻撃に切り替えることにしました。しかし、そこで決行されたのは、東部ニューギニアのオーエンスタンレー山脈（最高峰4000メートル）を越え、総距離350キロメートルを陸路で侵攻するという「ハンニバルのアルプス越え」さながらのとんでもない作戦でした。その道中、特に日豪両軍が激戦を繰り広げた地がココダです。

結局ポートモレスビー攻略作戦は失敗に終わり、日本軍は退却することになるのですが、この時に大勢の捕虜も一緒に連れていきました。自分たちが逃げるだけでも大変なのに、捕虜を連れて、険しい山道を食料もろくにない状態で移動し続けたわけですから、当然、捕虜の中には飢えや病気で弱って亡くなる人たちが出てきます。また、同時に日本兵も飢えや病気でたくさんの兵士が亡くなりました。ココダはそういう激しい戦いと悲しい逃避行があった場所として知られ、今もオーストラリア人の記憶に強く残っています。

山上：オーストラリアにとっては、第二次大戦における一番の激戦地がココダでした。キャンベラにある戦争記念館にはココダ戦のコーナーがあって、当時の戦いが詳しく再現されています。日本の軍勢がどれほどで、どのように攻めて来たのか、それに対してオーストラリア軍がどう反撃したか、そういう話を音声付きで解説しています。それぐらいオーストラリア人にとっては、非常に強い記憶に残っている戦いなのです。

パプアニューギニアの山中でオーストラリア軍と日本軍がまさに真正面からぶつかって、一進一退を繰り返した。これもほとんどの日本人が知らない大東亜戦争の一面ですよね。多くの日本人は大東亜戦争でアメリカと戦ったことだけは覚えています。真珠湾も、ミッドウェーも、硫黄島も、沖縄戦もそうです。

ところが史実はそれだけにとどまらない。オーストラリアは連合国軍の重要な一翼を担っていて、当時は日本の敵だったということをしっかりと認識しておく必要があります。お互いそうした歴史を踏まえた上で、敬意を払い、哀悼の意を表するというのが、戦略的パートナーとしての第一歩だと思いますね。

山岡：日本人の歴史からその部分が抜け落ちている点は、日本側もよくよく反省して、若い人たちにしっかりと教えていかなければいけないと思います。

日本大使として初めて招かれた「サンダカン死の行進」慰霊祭

山上：山岡先生がご指摘された戦争捕虜の待遇に対する批判は、オーストラリアのみならず、アメリカやイギリスなど主要連合国との間で、戦後の日本が直面してきた問題です。戦後50年以上を経た1998年に天皇陛下（現在の上皇陛下）がイギリスを訪問された際にも、元捕虜の退役軍人が背中を向けて並んで抗議の意を示すという一幕がありました。イギリスでもオーストラリアでもアメリカでも、戦後長らく日本に対する遺恨の種として残ってきたことは間違いありません。

オーストラリア人の記憶に強く残っている戦争捕虜の問題に関して言うと「サンダカン死の行進（Sandakan Death Marches）」もそのひとつです。

現マレーシアのボルネオ島北東部のサンダカンには、日本軍が設置した捕虜収容所があり、2000人以上のオーストラリア兵・イギリス兵捕虜が収容されていました。戦争の終盤、連合国軍の攻撃がサンダカンにも及ぶようになると、日本軍は東海岸のサンダカンから600キロメートル離れた西海岸のアピに「転進」し、それとともに捕虜たちも260キロメートル離れた内陸部のラナウに移動させることを決定します。

しかし、この移動が大変でした。連合軍の空爆を避けるために、灼熱の気候の中、捕虜や民間人を連れて未開のジャングルの険しい山道を進まねばならず、日本兵を含むたくさんの人たちが飢えと病気で亡くなりました。

山岡：当時サンダカンにいた豪・英軍捕虜約2400人のうち、生き残ったのは脱走した6人だけだったそうですね。

山上：ええ。そういう本当に悲惨な事案なのですが、オーストラリアでは、そのわずかな生存者の子孫の方々が中心となって、キャンベラの戦争記念館で慰霊祭を毎年行っています。遺恨があまりにも強く、以前はこの式典に日本大使が招かれたことなどなかったのですが、私が大使を務めていた時に、懇意にしていた全豪退役軍人会のフィリップス元会長を仲立ちとして、「今度の慰霊祭には日本大使にも来てもらえないか」という話が持ちかけられました。当初、私は日本に謝罪を要求するような場になるのであればお断りしようと考えていたのですが、遺族の方たちに日本大使公邸に来ていただき、お話を伺っていると、どうやらそういう意図ではないらしい。

そこで、私も慰霊祭に出席し、慰霊碑の前で深々とお辞儀をしました。このボディーランゲージは、オーストラリアの人々に真っすぐに受け止めていただけたようで「あなたに来てもらってよかった。出席してくれた勇気に敬意を表する」と言ってもらえました。

山岡：それは素晴らしい進展ですね。日豪の外交史に残る大きな一歩です。

山上：先ほども述べた通り、戦争捕虜の問題は大きな摩擦の種として長らく日豪間にあったのですが、私はこのサンダカンの慰霊祭に出席したことで、日豪間の和解がすでに達成されていることを確信しました。もちろん、お互い過去の悲惨な出来事については決して忘れてはいけません。しかし、今に生きる我々がそれに縛られて前に進むことを妨げられてはならない、という気持ちになりましたね。

山岡：日豪間では、本当の意味で「未来志向」の関係ができているということですね。

近代史上最大の大脱走「カウラ事件」

山岡：もうひとつ、日豪の戦争捕虜に関する話でいうと、オーストラリア側に捕えられた日本兵捕虜がカウラで起こした事件にも触れないわけにはいきません。今日では「カウラ事件」と呼ばれ、近代史上最大の捕虜脱走事件として知られています。

カウラは、オーストラリア東南部ニューサウスウェールズ州の中央部にある町で、当時ここに連合国軍の捕虜収容所がありました。かなり内陸部に位置していますが、キャンベラとシドニーを比較した場合、シドニーから行く方が遠いですよね。

山上：そうですね。キャンベラからはだいたい北に190キロメートル、車で2時間ほどですが、シドニーからだと5〜6時間はかかります。

山岡：先生は在任中よく行かれていたそうですね。

山上：9回も行きました。過去にそんなに行った大使はいませんが（笑）。磁力に引きつけられるかのようでした。

カウラは、なだらかな丘が波のように連なる綺麗な牧草地に抱かれた、人口1万人程度の小さな町です。特に春先が綺麗で、菜の花が野山に黄色く咲き誇り、まさにえも言われぬ美しさでした。ひと言で言うとのどかで素晴らしいところです。かつてここに日本軍の捕虜が収容されていたのかと思うと、万感胸に迫るものがありました。

山岡：カウラの捕虜収容所（第12捕虜収容所）は、北アフリカ方面から移送されたイタリア人戦争捕虜と、インドネシア人政治活動家とその家族を収容するために、1941年6月に開設されました。そして、1943年1月には、収容能力1000人の日本人キャンプが開所されましたが、その後、日本人捕虜の数がどんどん増加。事件直前の1944年7月には収容能力を超える1100人に達しています。

そこで、オーストラリア当局は、収容所の過密と、捕虜間や捕虜と監視側の摩擦の高まりを回避すべく、日本人捕虜の将校・下士官と兵を分離して、兵たちをカウラから西に400キロメートル離れたヘイ収容所に移動させることにしました。この決定が1944年8月4日に日本人捕虜たちに通知されたことが結果的に事件の引き金になったと言われています。要するに、日本人捕虜たちは将校・下士官と兵の分離が収容者の一体感の喪失につながるとして反発し、決起に走ったというわけです。

一方、当時カウラでの日本人捕虜の待遇は非常に良かったそうですね。食事もちゃんと出て、

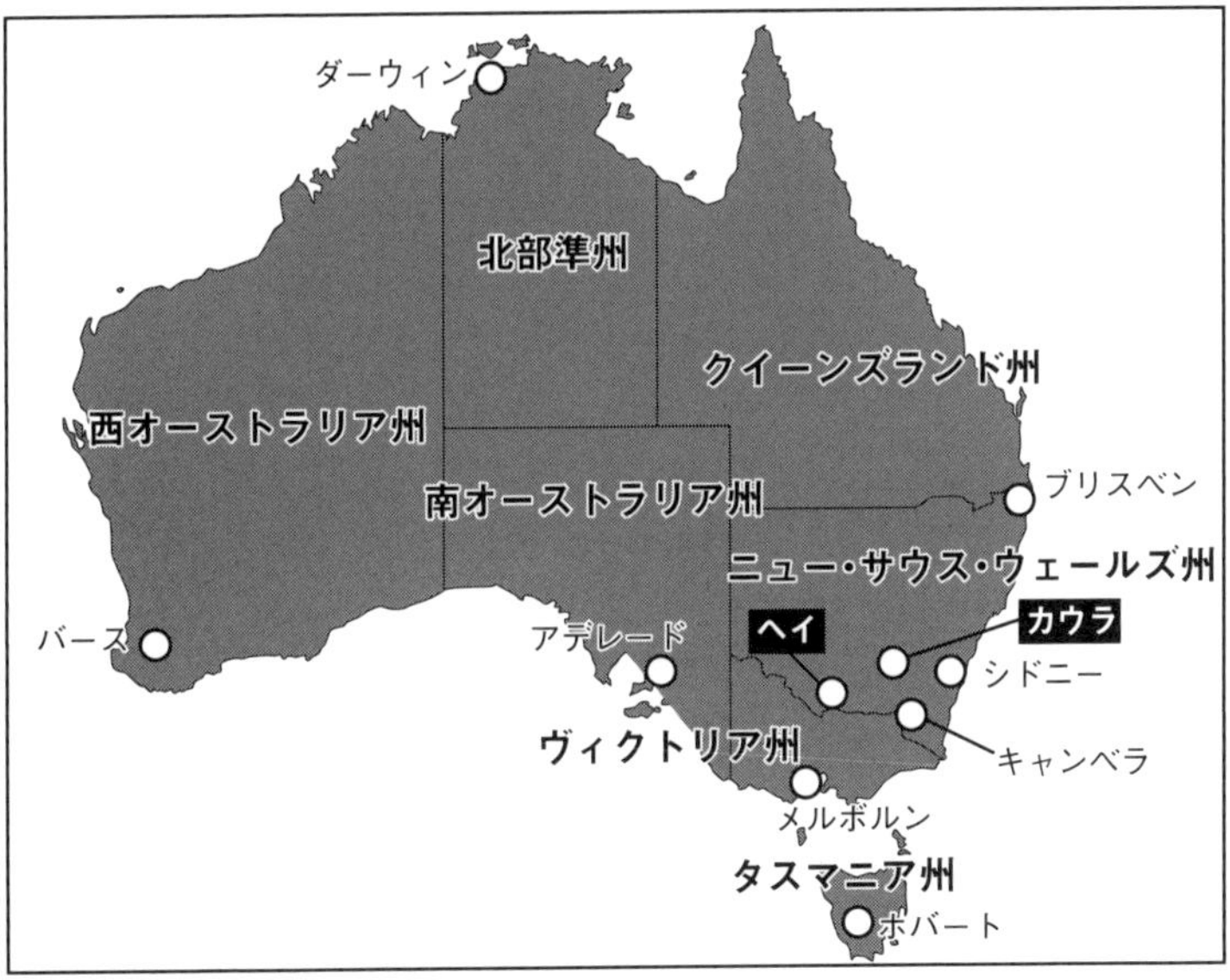

オーストラリア地図

レクリエーションもしていたのだとか。

山上：バットを与えられて野球をしていたという話もありますね。

山岡：しかし、当時の日本兵の中には、自分たちがそうした好待遇の状況で無為に時間を過ごすことをいさぎよしとしない者たちがいた。だから、脱走を企てた。ただ、あのタイミングで、しかもカウラのような田舎町で逃げても、どうしようもないといえばどうしようもないのですが、心理的な要素が大きかったんでしょうね。

山上：周囲には何もない大平原が続いているので、そこに日本人がいたらすぐに見つかってしまいます。人っ子一人いないような場所ですから。

カウラ事件では、当時収容所にいた日本

事件の１カ月前のカウラ捕虜収容所。日本人捕虜が野球をしている（1944年）

収容所跡地に作られた日本人戦死者墓地
（出典：外務省）

人捕虜約１１００名が集団で脱走し、銃撃戦などで日本人捕虜２３４名、オーストラリア人衛兵４名が死亡したほか、負傷者も多数出ました。また、脱走した約３００名の日本兵も翌週には捕えられているので、結局、脱走の成功者は一人もいません。

　カウラの日本人捕虜たちが決起したのは、１９４４年８月５日未明のことです。この頃になると、戦局はもう日本にとって決定的に不利なものとなり、多くの人が「いずれ負けるだろう」と覚悟するようになっていました。日本の本土は、東京のみならず、地方都市まで空襲にさらされ始めた時期です。そうした情報は、彼らも収容所にある現地の新聞等で把握していたでしょう。

　そういう状況ですから、「生きて虜囚の辱《はずかしめ》を受けず、死して罪禍の汚名を残すこと勿《なか》れ」という戦陣訓の教えを叩きこまれていた当時の日本人捕虜たちは、どのようなことを考えていたのか。収容所の待遇が思いのほか良かっただけに、「日本で家族が苦しんでいるのに、俺はこんな恵まれたところにいていいんだろうか」という気持ちになり、そこから「どうせ一度は死んだ身だ。決起して敵の背後でかく乱してやろう」という心情にいたっても不思議ではなかったと思います。

「南の国で忠義を尽くす男」

山上：実は私は大使として赴任する前からカウラに対する強い思い入れがありました。その大きなきっかけのひとつになったのが『カウラの突撃ラッパ　零戦パイロットはなぜ死んだか』（中野不二男著）という本です。

カウラで決起した首謀者の一人に「南忠男」という人物がいます。本名は豊島一さんという方で、実は真珠湾攻撃やダーウィン空襲に参加した日本海軍の零戦パイロットです。

豊島さんは、第1回のダーウィン空襲の際に被弾して燃料不足となり、オーストラリア北部のメルヴィル島に不時着。そこでアボリジニに捕まってオーストラリア軍に差し出されました。「南忠男」というのは、この時に使った偽名です。ちなみに、彼はオーストラリアの地で捕らえられた最初の日本人捕虜だと言われています。

山岡：やはり当時の日本の軍人らしく「生きて虜囚の辱を受けず」の精神で本名を名乗らなかったわけですね。

山上：「南忠男」という名前を選んだところも心を打たれるものがあります。「南半球で忠義を尽くす男」ですからね。

こうして「南忠男」は、まずニューサウスウェールズ州中南部のヘイ収容所に捕虜として収容され、その後、カウラ収容所に移されました。そして、カウラでは捕虜のまとめ役として周囲から信頼される存在となり、集団脱走の首謀者の一人になったというわけです。彼は決起の際にラッパを吹き鳴らし、捕虜たちに脱走開始の合図を送ったそうですが、その時に使われたラッパが今もオーストラリア戦争記念館に保管されています。

豊島一（1938年）

つまり、この「南忠男」のストーリーを描いたのが先にあげた『カウラの突撃ラッパ』です。実は「南忠男」こと豊島一さんには日本に許嫁《いいなずけ》がいました。著者の中野不二男さんは豊島さんの故郷を訪ね、その許嫁とも会って思い出話を聞いています。豊島さんは彼女

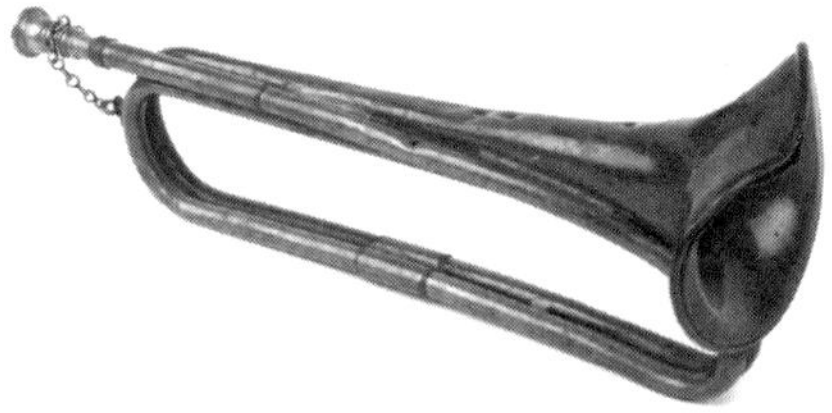

「南忠男」こと豊島一が所持していたラッパ
（C）Australian War Memorial

豊島一が搭乗した零戦（C）Australian War Memorial

に「僕は捕虜にはならん」と言っていたそうです。

私はこの本を読んで、涙が止まりませんでした。他にもカウラ事件関連の本を読んでいくうちに、カウラを訪れたいという気持ちが自分の中でどんどん高まり、大使としてオーストラリアに着任したら真っ先にカウラに行こうと心に決めていたわけです。実際、着任後には、大使として信任状を奉呈する前の2021年2月15日にカウラを訪れています。そして、カウラ共同墓地の一角にある日本人戦争墓地（日本人戦没者之墓）に献花し、かつて日豪双方において貴重な人命が失われたことに対し、深く頭を垂れ、心より哀悼の意を捧げました。ちなみにこの墓地には豊島一さんも「MINAMI, TADAO」の墓碑銘で埋葬されています。

私の初めてのカウラ訪問はカウラ側の関係者、特に当時のビル・ウェスト市長に大変喜ばれ、その後もカウラを訪問するたびに温かく迎えていただきました。ウェスト市長はお茶目な人物で、講演などで私を紹介する時には「この大使は総督に信任状を奉呈する前にカウラを訪れ、市長に信任状を提出した」という冗談を言って聴衆を笑わせていましたね。

山岡：山上先生はカウラのロータリークラブから「平和賞」も授与されたそうですね。

山上：はい。社会人になってからは表彰に縁のない人生を送ってきた上に、役人として人から褒めてもらえる機会も少なかったので、最初は耳を疑いましたが（笑）。聞けば、その平和賞はそれまで主にカウラの関係者が受賞してきたらしく、日本人の受賞は初めてとのことでした。大変ありがたいことです。

ただ、この受賞は、はっきり言って、私個人の功績ではありません。長年にわたり日豪和解に向けて地道に努力を重ねてこられた先人たちの功績であり、日豪和解がすでに達成された証《あかし》です。彼らこそが真の受賞者です。

カウラ事件を「狂信的」「集団心理」で片づけていいのか

山上：私が在任中にカウラをたびたび訪れたのは、個人的な思い入れもさることながら、日本大使として日豪和解の達成を体現しているカウラの存在とその重要性をもっと各方面に知ってもらいたいという理由もありました。

日豪間で和解が達成されていること自体、中国・韓国左派などによる反日の「歴史カード」に対する抑止力、あるいは、無力化につながると私は考えています。つまり、どれだけ彼らがオーストラリアで反日を煽ろうとも、オーストラリア国民がそれになびかない強固な岩盤を日豪和解でつくっていれば、仕掛けられた歴史戦に対抗できるというわけです。

だから私は、自分が大使を務めている間に日豪間のさらなる相互理解を進めるため、カウラ事件を起こした日本人捕虜たちの心情を何とかしてオーストラリアの人々に理解してもらいたいと考えていました。

と言うのも、カウラの街の入口にインフォメーションセンターがあり、そこにカウラ事件を解説するコーナーがあるのですが、その解説の中で何度か「fanatic」という言葉が使われていました。つまり、当時の日本人捕虜は「狂信的」だったとオーストラリアでは認識されているわけです。

山岡：日本人捕虜たちは、食堂のナイフやフォーク、レクリエーションで使っていた野球のバットなどを「武器」として手に取り、決起したそうですね。

山上：オーストラリアの衛兵たちは機関銃を持っているのに、そんな武器とも言えないものを手にして決起したわけですから、無謀であったことは間違いありません。オーストラリア側も捕虜を好待遇で扱っていただけに、余計に驚いたことでしょう。

当然の結果として、衛兵の機銃掃射で日本人捕虜たちがバタバタと死んでいったわけですから、「fanatic」と見られても仕方のない側面はあります。カウラ事件を題材にした日本のテレビドラマでも、日本人捕虜が決起した背景には「集団心理」があった、つまり、周りに「やろう」と言われて「ノー」とは言えない空気になっていたという描かれ方がされていました。

私には、当時のカウラの日本兵たちの心情を「fanatic」や「集団心理」といった言葉で片づけてしまうのは、英霊に対して非常に申し訳ないなという気持ちがあります。彼らにも、さまざまな葛藤があり、それでも「もうやるしかない」という思いで立ち上がった人たちがいたであろうことは、今を生きる私にも想像できるからです。日本の敗色が濃厚になり、家族が空襲と食糧不足に苦しむなか、自分たちは帝国軍人として「最大の恥」である捕虜になってしまった上に、敵国の収容所で人道的に扱われ、予想外の好待遇を受けている。この現実が彼らに重くのしかかり、「自分だけこんな場所にいていいのか？　祖国のためにいま我々にできることをしなければ」という強迫観念に囚われたとしても不思議ではありません。

カウラ事件の78周年にあたる2022年8月5日、すなわち決起の日に、カウラでスピーチをする機会がありました。そこで私は、日本人捕虜の決起の背景を説明するに際して、「duty（責務）、honor（名誉）、country（国家）」という言葉を使いました。これは、かつてマッカーサーがアメリカのウエストポイント陸軍士官学校で演説した時に、若き陸軍軍人たちに対して心構えを諭すときに使った言葉です。今日では同校のモットーとしても知られています。あえてマッカーサーの言葉をオーストラリア人に使うことで、「実は当時の日本兵も、連合国軍の兵士も。軍人として相通じる精神を共有していたのだ」というメッセージを伝えようとしたわけです。

聴衆の反応は大変好意的で、スピーチ後に複数の人から握手を求められました。「こんなことを言った日本大使は今までいなかった」とも言ってもらえて、とても嬉しかったですね。私の気持ちが通じたと思いました。

山岡：相手側の言葉を使って相手が理解できるように伝える。山上外交の真骨頂ですね。

山上：外務省の大半の人たちに言わせると「やりすぎだ」となるでしょうね。日本の国益のために頑張ると後ろから弾が飛んでくるというのが今の外務省という組織ですから（笑）。ただ、私は大使としてこれぐらいは言うべきだと思い、自分の責任でやりました。

オーストラリア兵の魂はユーカリの木に、日本兵の魂は岩に

山上：もうひとつ、カウラに関して申し上げておくべきことは、日本人戦争墓地の近くに、非

常に素晴らしい日本庭園があることです。１９７８年に日本を代表する造園家の中島健氏が設計した回遊式の日本庭園で、カウラ事件の犠牲者の鎮魂のために、当時の大河原義雄駐豪大使をはじめとする日豪双方の関係者の協力によって造られました。はっきり言って、海外の日本庭園の中で最も美しい庭園です。

ロバート・ジョン・グリフィス理事長（当時）率いる日本庭園文化センター財団が維持管理し、乾燥しがちなオーストラリアで、稀有《けう》の水と緑の世界を実現してきました。年間４万人を超えるオーストラリア人が訪れる観光名所となっており、カウラが「日豪関係の精神的聖地」（畠中篤元駐豪大使の言）と呼ばれてきた理由がよく理解できる気がしました。

カウラ日本庭園　©pixta

カウラ収容所跡地　（出典：外務省）

望郷と無念の思いを抱いたまま亡くなっていった英霊たちの魂も、日本を彷彿《ほうふつ》とさせるこの庭園で優しく癒やされているのでは

カウラの日本兵墓地で慰霊する山上大使夫妻　（出典：外務省）

日本兵墓地慰霊碑　（出典：外務省）

ないかと思わせてくれます。庭園にはユーカリの木もあって、オーストラリア人の間では「オーストラリア兵の魂はこの庭園のユーカリの木に宿っている。日本兵の魂はこの庭園の岩に宿っている」と言い伝えられているんですよ。

山岡：泣ける話ですね。

山上：オーストラリアを訪ねる機会があったら、日本人の観光客のみなさんにもこのカウラの庭園でカウラ事件に思いをはせていただきたいですね。

山岡：僕は一度しか行ったことがないのですが、すごく美しいところです。オーストラリア側からしてみれば、当時の日本人捕虜の決起を「fanatic」だと感じたのは、ある意味当然だと思います。それでも、日本人捕虜のために墓地を造り、美しい日本庭園まで造ってくれた。そこにオーストラリア人の精神性の高さ、心の奥深さが反映されていると思います。

山上：本当にその通りですね。

山岡：カウラ事件はもっと日本人が知っておくべき歴史上の出来事です。一般的に解説されがちな「fanatic」や「集団心理」という側面だけではなく、オーストラリア側のその後の対応の素晴らしさも含めて、日本人は知っておかなければなりません。

「死んだ日本兵だけが良い日本兵だ」

山岡：オーストラリアにはアンザック・デイ（ＡＮＺＡＣ Ｄａｙ）という祝日が毎年4月25日にあります。オーストラリア国民が世界各地で集まり、戦争や紛争で国家に身を捧げた兵士たちの勇敢さを讃えるための追悼を行う記念日です。

ＡＮＺＡＣはAustralia and New Zealand Army Corps.の略で、第一次大戦中に編制されたオーストラリア・ニュージーランド連合軍を指す言葉です。オーストラリアとニュージーランドは大英帝国の一員として第一次大戦に参戦しました。

１９１５年4月25日、ＡＮＺＡＣ兵士は現在のトルコ南部のガリポリ半島（現トルコ領）に到着し、その後8カ月間に及ぶ上陸作戦を展開。この激戦において、８７００名以上のＡＮＺ

AC兵士が命を落としました。上陸当日だけでも、2000名以上の死傷者が出たと言われています。

つまり、アンザック・デイはこのガリポリ半島上陸作戦開始日に由来し、今日においては、第一次大戦以降のすべての戦争・紛争に従軍したすべてのオーストラリア人とニュージーランド人に敬意を払う記念日になっているわけです。

山上：オーストラリア人にとってアンザック・デイは過去の戦争の歴史を振り返る特別な一日です。だから、昔は「日本人はアンザック・デイには外を出歩かないようにしろ」などと言われていたそうです。山岡先生がオーストラリアにいらっしゃった時はどうでしたか。

山岡：積極的に外出はしていなかったですが、あまり意識もしていませんでした。もうそれほど緊張感はなかったですね。山上先生はどう対応されていたのでしょうか。

山上：私が赴任した頃には、アンザック・デイには、日本大使を巻き込むような行事はなかったですね。当然、日本人がアンザック・デイに外を出歩いてはいけないという感覚もすっかり過去のものになっていました。ただ、その名残を感じることは

オーストラリアのアンザック・デイ

時々ありました。

ある時、大使公邸での夕食会に保守連合（オーストラリアにおける中道右派の政党連合）の政治家を何名か招待したことがありました。その中の一人に保守派で知られる元国防大臣がいたのですが、もう宴もたけなわで、お酒がかなり入ってきた頃に、彼が「自分の父親の世代では、日本人とこうして話をするなんて考えられなかった。親父はよく〝死んだ日本兵だけが良い日本兵だ（The only good Nip is a dead Nip.）〟と言ってたよ」という話をダラダラと話し始めました。

これを聞かされたときは、私は、まだそんなこと言ってくる奴がいるのかと思い、その場で「もうそんな時代じゃないでしょう」と反論しました。ただ、元国防大臣のような人でもそういう話を日本大使にしてきたということに、やはり戦争の傷跡は、癒えることはあっても、なかなか完全に消えてなくなることはないんだなと、改めて認識しましたね。

日豪関係の礎を築いた日本の真珠貝ダイバー

山上：戦争に関する話でいうと、当時オーストラリアにいた日本の民間人だって実は大変な目

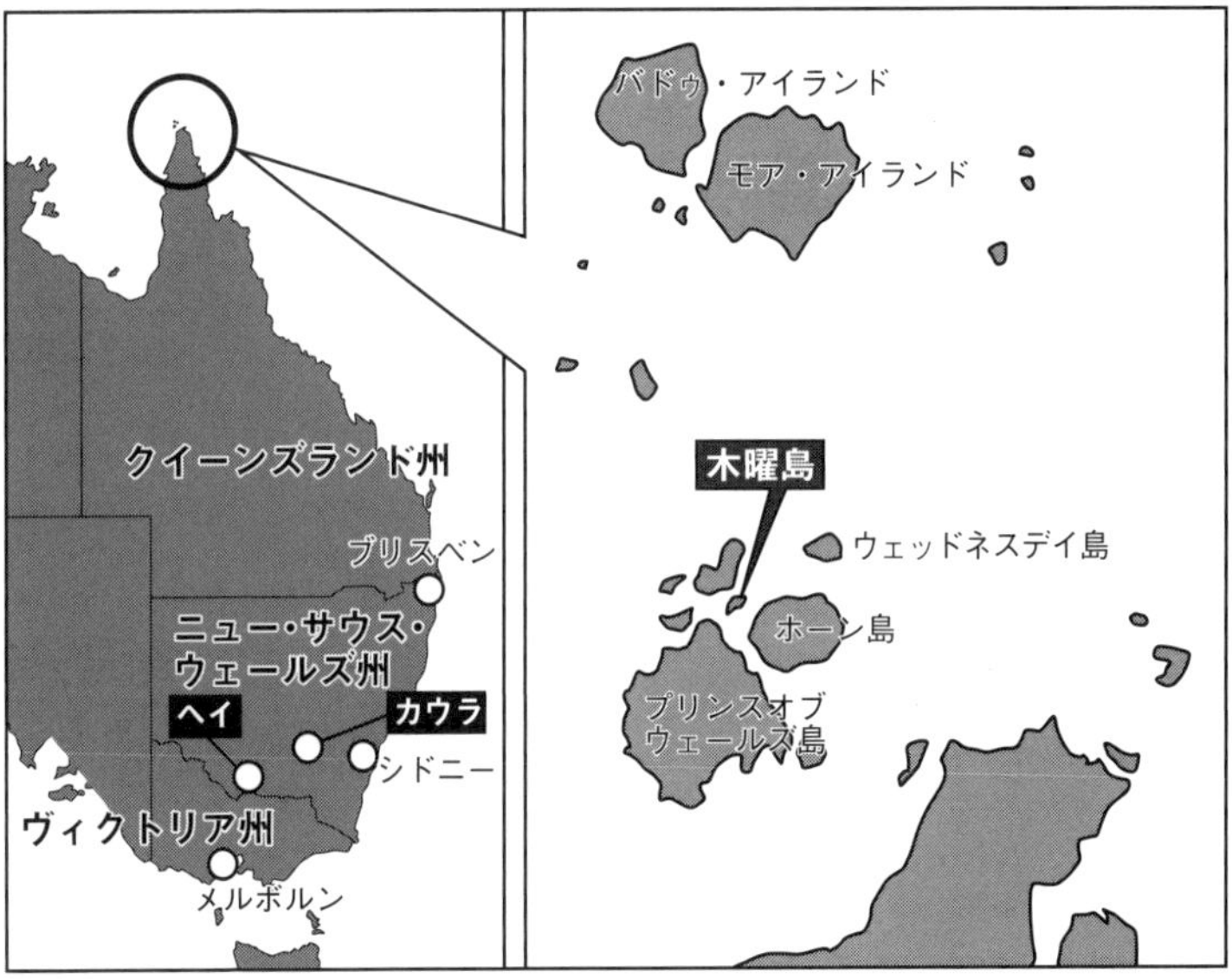

オーストラリア木曜島地図

に遭っていたという事実も忘れてはいけません。

木曜島という島がオーストラリア北東部にあります。クイーンズランド州ヨーク岬半島の先端、オーストラリアとニューギニア島の間を隔てるトレス海峡の南部に位置する小島です。

「木曜島」という名前の由来は探検家がこの島を木曜日に発見したことによるそうです。だから、東隣には水曜島、西隣には金曜島もあります。でも、月曜、火曜、土曜、日曜島はありません（笑）。

山岡：笑っちゃうような名前の付け方ですね（笑）。

山上：木曜島は、面積3・5平方キロ、人口3千人弱という本当に小さな島なのですが、日豪関係ではものすごく大きな役割を果たしてきました。というのも、１８７０年代から第二次大戦に至るまでの間、真珠貝漁業に携わる潜水夫が日本から、特に和歌山県、愛媛県、広島県などから多数来訪し、真珠貝の採取で活躍していたからです。

その当時の様子は司馬遼太郎の『木曜島の夜会』という短編でも詳しく描かれています。おそらく司馬遼太郎作品の中では最も知られていない作品の部類に入るでしょうが、小説としても味わいがある上に、当時の日豪関係の状況がよくわかる素晴らしい作品です。日豪関係を知るための必読書だと思います。

では、日豪間でそのような民間交流がある中で、戦争が起こると、オーストラリアに真珠貝を採集しに来ていた日本人ダイバーたちはどのような扱いをうけたのか。

当時のオーストラリアはいわゆる白豪主義（オーストラリア社会を白人移民中心で構成しようとする考え方。有色人種、特にアジア移民を排斥した白人優先主義とその政策）の時代であり、日本からの移民を受け入れていませんでした。そのため、日本人ダイバーたちは移民として認められず、戦争が始まると敵国の国民だということで、強制退去させられるか、収容所送りになったわけです。

ただ、日本人ダイバーの中には、現地の女性と結婚した人たちもいました。だから、戦争中には、日本人の夫をもつアボリジニの女性がスパイとして疑われたり、夫の後を追って幼い子供の手を引きながら収容所に入ったりしたという悲話もたくさん生まれています。これもまた、日豪間の歴史の知られざる一面ですよね。

山岡：ブルーム（オーストラリア北西部の海岸町）には行かれましたか。ブルームにも同じような形で、特に和歌山から真珠ダイバーがたくさんやって来て、戦争中には収容所に送られるなど、大変な苦労をされました。ブルームには今でも日本人墓地が残っているそうですね。

山上：日本人墓地はブルームにも、木曜島にもあり、私は2022年8月に両方とも慰霊してきました。先に紹介した収容所のエピソードはまさにブルームでの話です。

ブルームの日本人墓地は町が管理する共同墓地の一角にあり、約1000名もの日本人ダイバーが埋葬されています。その中には、1908年にブルームを襲ったサイクロンによる200名以上と言われる犠牲者の追悼慰霊碑もありました。木曜島の日本人墓地は、トレス行政区が日本政府からの財政支援を得ながら墓地の維持や墓標の整備を行っています。

ブルームの日本人墓地を訪れた際に印象的だったのは、在留邦人の方から「大使、これらのお墓がどこを向いてるかわかりますか」と聞かれたことですね。そう言われてよく見れば、どれも立派な墓石で、それらが太陽に顔を向けているヒマワリのように同じ方向を見ているのです。私が怪訝《けげん》そうな顔をしていると、その方は優しいながらも力を込めた口調でこう言いました。

「日本なんです、日本なんですよ」

私は返す言葉を失い、立ち尽くす他ありませんでした。

山岡：非常に心を打たれるお話です。当時の日本人ダイバーたちの足跡については今後もっと調査していく必要があると思います。

山上：おっしゃる通りです。彼らは木曜島やブルーム以外にも、ダーウィンなど豪州北部の要所に出向いて、真珠貝の採取に励んでいました。日本政府は1896年に豪州初の領事館をタウンズビル（現在のクイーンズランド州）に設けていますが、その背景のひとつには、こうした日本人ダイバーの活発な往来があります。

日本人ダイバーは他国のダイバーと比べて働き者で、能力も傑出していたため、現地での評価も高く、大きな成果を上げていました。

当時の真珠貝の採取は、ベル状の重い真鍮製のヘルメットをかぶり、下着を何重にも重ねた上に厚い潜水服を着て、空気送風器具を使いながら海底で貝を採取するという、過酷な重労働でした。白人ダイバーたちが1日5回程度しか潜らなかったのに、日本人ダイバーはなんとその10倍にも及ぶ1日50回もの潜水を重ねたという逸話も残されています。

とは言え、木曜島の周辺の海はトレス海峡の激しい潮流にさらされたり、サイクロンの被害に遭ったりするほか、サメなど危険な海洋生物と遭遇することも珍しくありません。潜水病などの病気にかかってしまうこともあります。つまり、オーストラリアでの真珠貝の採取は、死と隣り合わせの危険な仕事であり、実際、日本人ダイバーの中には、若くして亡くなった方もたくさんいました。木曜島の地に眠ることとなった日本人の半数以上は、21歳以下で落命したそうです。

危険を十分に知りながらも、深い海に真珠貝を求めて潜り続けていった日本人ダイバーの話は、今なお現地で語り継がれています。彼らが初期の日豪関係の礎を築き上げてきたことは間違いありません。

ブルームの日本人墓地　（出典：外務省）

木曜島の風景　（出典：外務省）

木曜島の日本人慰霊塔　（出典：外務省）

ブルームを訪れた際に、ＡＢＣラジオ・キンバリー支局のインタビューを受けたのですが、そこで私は、気がつけば、日本人ダイバーのことを「無名のヒーロー」（unsung hero）と呼び、戦後の日豪関係こそ和解の好事例だという発信をしていました。木曜島やブルームで日本人ダイバーたちの実態を学んだからこそ、自然に出てきた言葉なのだと思います。

オーストラリア人には複雑な対米感情がある？

山岡：戦後の日豪関係こそ和解の好事例だというのはまさにその通りですね。しかし、そこにいたるまでの道のりは決して楽なものではありませんでした。そもそも、東京裁判の裁判長だったウィリアム・ウェブがオーストラリア人でしたからね。

私はオーストラリアで中韓反日団体と慰安婦像の公有地への設置をめぐる歴史問題で戦ったことがあるのですが、当時、私にこうアドバイスしてくれたオーストラリア人がいました。

「君も知ってる通り、東京裁判のウェブ裁判長はオーストラリア人だった。だから君が歴史的事実への反証を中心にするとあまり良い協力を得られないかもしれない。それよりも、今の日豪関係とコミュニティの平和にフォーカスした方がより良い反応を得られるだろう」

彼は地域のコミュニティの調和を促進する州政府の関連組織のトップの方でした。また、彼は私にこんな言葉も漏らしていました。

「実は私の父親は、第二次大戦中にボルネオで戦い、日本軍に撃墜されて戦死した。しかし、私はそもそもなぜボルネオにオーストラリアの部隊が投入されたのか疑問に思い、自分で調べてみた。そうしたら、アメリカ軍がオーストラリアを戦勝国にしたくなかったので、ボルネオのような戦略的価値の低いところにオーストラリア軍を投入し、そこに留めていたという事実に気づいたんだ。だから、父は日本軍に殺されたけれども、アメリカに殺されたとも言えるんだ」

それが事実であるかどうかは別として、少なくとも彼はそういう認識でした。超大国アメリカにいいように振り回されて、小突き回されてきたオーストラリア人のアメリカに対する複雑な心境も吐露されていました。彼からそういった話を聞かされて、オーストラリアでは本当につい最近の世代まで戦争の生々しい記憶が残っていたことを実感しましたね。

山上：歴史を振り返ってみると、もともとオーストラリアと安全保障面で強い関係があったのはイギリスでした。しかし、1942年2月の日本軍によるシンガポール陥落、さらにはそれに続くダーウィン空襲をきっかけに、オーストラリアにとっての安全保障上の最重要パートナーがイギリスからアメリカに切り替わりました。

一方、アメリカも日本軍にフィリピンを攻略されると、マッカーサーがオーストラリアに逃れ、ブリスベンに連合国軍の司令部を置いて反転攻勢の指揮をとっていました。要するに、アメリカからしてもオーストラリアは昔も今も戦略的に極めて重要な存在なわけです。

しかし、山岡先生のお話にもあったように、オーストラリア人の中にはアメリカに対しては独特の思いがあります。自国の安全保障のためにはアメリカとしっかりと手を組まないといけないという意識がある一方、日本人にとってもお馴染みのアメリカ人の、良く言えば天衣無縫、悪く言えば傍若無人なところは、やはりオージーたちも感じているわけです。だから、当時ブリスベンにいた米軍とオージーたちとの間にも、いろいろと問題が起きました。

山岡：オーストラリアという国はいろいろ日本と境遇が似ていますね。

第二次大戦中の豪州軍vs.米軍「バトル・オブ・ブリスベン」とは？

山上：米軍は1941年12月からオーストラリアに駐留を開始し、翌1942年2月から連合国軍の司令官であるマッカーサーの指揮下に置かれました。そして、マッカーサーとオーストラリア政府の合意に基づき、オーストラリア軍はこの時から米軍との一体作戦を経験するようになります。これが戦後のＡＮＺＵＳ（1951年9月に調印された、オーストラリア・ニュージーランド・アメリカ間の安全保障条約）の下地になっていくわけです。
一方、当時ブリスベンに駐留する米軍とオーストラリア軍との間で「バトル・オブ・ブリスベン（ブリスベンの戦い）」と呼ばれる衝突も起きています。

山岡：「バトル・オブ・ブリテン」ならぬ「バトル・オブ・ブリスベン」ですか（笑）。

山上：これは別に米軍とオーストラリア軍が本格的にドンパチやったという話ではないんですよ。当時米兵がブリスベンでいろいろ好待遇を受けていたこともあり、オーストラリア兵の間には米軍に対する不満がたまっていました。その不満が1942年11月26日、オーストラリア兵とアメリカ兵の間で起きたちょっとした口論をきっかけに一気に爆発し、市内各地で乱闘が散発する騒動にまで発展。騒ぎは2日間にわたって続き、オーストラリア兵1名が死亡、米兵とオーストラリア人に数百名の負傷者を出す事態になりました。これをオーストラリア人は「バトル・オブ・ブリスベン」と呼んで、戦争中の歴史の一幕として記憶に残しています。
もちろん、当時も今も、オーストラリアにとって、最強にして最重要の安全保障上のパートナーは間違いなくアメリカです。ただ、こうした事件からも、オーストラリアがアメリカとの同盟関係の維持にそれなりに苦労していることがよくわかります。その意味でも、日本とオーストラリアには一定の共通項があると思います。

山岡：オーストラリアは、特に2008年のリーマン・ショックの後、急速に親中に傾いていきました。その背景には、もちろん地理的な要因もあるのでしょうが、アメリカに対するオーストラリア側の反発心のようなものもあると聞きました。要するに、「アメリカには第二次大戦中からさんざん振り回されてきた。だが、これからは中国の時代だ。俺たちはアジアで中国と仲良くやっていけばいい。もうこれ以上、アメリカに媚びへつらう必要はない」という心情だったのだとか。

山上：そうしたアメリカに対する反発心のようなものは、特に左派の間に実際にあると思いますね。軽い話でいうと、オージーが一番熱狂するのは、クリケットかラグビーでイギリスに勝利した時と、水泳でアメリカに勝利した時です。これは日本人がＷＢＣでアメリカに勝って溜飲を下げる感覚とよく似ていると思います。

反日感情をはねのけて オーストラリア人を魅了した藤田サルベージ

山岡：日豪が第二次大戦で激しく戦った歴史を乗り越えて、今日の友好的な関係を築き上げるまでには、両国が並々ならぬ努力をしてきました。実は政府レベルのみならず、民間レベルでも日豪和解の架け橋になった方々がいらっしゃいます。

有名なところでは、藤田サルベージという サルベージ会社を営んでいた藤田柳吾氏です。ダーウィン空襲の結果、ダーウィン港は海底のあちこちに日本軍に沈められた船があって航行の妨げになり、港は使いものにならない状態になっていました。戦後、この沈没船の引き上げ・撤去作業を引き受けたのが日本の藤田サルベージです。

藤田柳吾氏は同社の精鋭作業員120名を率い、日の丸を掲げた船で1959年にダーウィンにやって来ました。もちろん、当時はまだオーストラリア人の反日感情が強かった時期です。そのため、「ダーウィンを空襲した日本人に頼むとは何事か」という反対の声もオーストラリア国内で上がっていました。

ところが、いざ引き上げ作業が始まると、次々と沈没船を引き上げていく藤田サルベージの仕事ぶりが素晴らしかった。作業員たちの鮮やかな手並みを丘の上からサンドイッチ片手に見物する地元のオーストラリア人もいたと言われています。藤田氏らは、そうした見物者を自分たちの船に招待し、宴会のような場を設けるなどして、地元の人々との交流も深めていったそうです。

藤田氏らは、引き上げた船の一隻に小屋を建て、そこで質素に暮らしながら、黙々と仕事に励んでいました。そして、1959年から1961年までの約2年半、ダーウィンの復興事業に従事し、見事にそれを成し遂げます。

ダーウィンで開催されたイクシス記念式典で挨拶する安倍晋三首相（2018年11月16日）（出典：首相官邸）

戦没者慰霊碑に献花する安倍晋三首相（2018年11月16日）（出典：首相官邸）

その他、藤田氏は、引き上げ作業の傍ら、沈没船の金属から77本の青銅十字架を作り、近くの教会へ寄進しました。これは、新約聖書のマタイ福音書にある「(罪を犯した人を) 77回までも赦しなさい」という教えに由来するものだそうです。

山上：その十字架は、私もダーウィンを訪れた際に拝見しました。当時から今日にいたるまで大切に保存されています。

実は私の大使としての最初の公式訪問先がダーウィンでした。新任大使はオーストラリアの各州を公式訪問して挨拶することになっているのですが、その第一弾の公式訪問先として選んだのがダーウィンを州都とする北部準州だったわけです。２０２１年２月17日に総督に信任状を捧呈し、大使としての業務を正式に開始すると、翌18日から21日までダーウィンを訪問しました。２月19日にダーウィンで開催される空爆戦没者追悼式典に招待されていたというのも、ダーウィンを最初の公式訪問先に選んだ理由のひとつです。

ちなみに、2018年11月には当時の安倍晋三首相もダーウィンを訪問し、演説で藤田柳吾さん率いる藤田サルベージの功績について触れています。それどころか、スピーチのタイトルが「サルベージ、サルベーション、魂の友人に」ですからね。藤田さんのダーウィンでの仕事ぶりと、教会に十字架を寄付したエピソードを紹介した上で「他ならぬダーウィンで、最も早くから日豪の和解が始まったのです。サルベーション、魂の救済をもたらした。赦《ゆる》しが持つ力の偉大さに、私は感動を禁じ得ません」と発言されました。

山岡：まさに民間人が日豪の国家間の恩讐を乗り越えて、和解と新たな友情の構築へと踏み出していくきっかけをつくってくれたということですね。

オーストラリアは「庶民の国」

山上：真珠貝のダイバーの方々にしても、藤田サルベージの方々にしても、日本人の勤勉さ、真面目さ、仕事の丁寧さがオーストラリア人の心に響き、日本人に対する敬意や賞賛を確保していった側面は間違いなくあります。

おそらくこれは山岡先生も同意していただけると思いますが、オーストラリアという国をひと言で表現するなら「庶民の国」です。

イギリスの階級社会に耐えきれなくなって、イギリスから逃げて来た。あるいはアイルランドの貧困に耐えきれなくなって、新天地に活路を求めた。こういう人たちから始まった国なんですよね。だから、「庶民性」というのはオーストラリアにおいては非常に大事であって、首相でさえ良い意味で庶民感覚をしっかりと持っています。

山岡：ものすごくよくわかります。オーストラリア人は、他の国ではいわゆるエリートに分類される階層の人たちでも、まったく気取っていなくて、みんな気さくですよね。パブでビールを飲んでいると、肩を叩いて気軽に話しかけてきて、服装もカジュアルな人が多い。ビーチでバーベキューができればそれでいいじゃないか、小さいことなんて気にするな、というリラックスした空気感があります。

向こうの言葉では「Laid-back」と表現しますが、あれは本当に良いものですよね。

山上：スコット・モリソン前首相も良い意味ですごく庶民的な人です。我々は親しみを込めて「スコモ」の愛称で呼んでいます。

2023年2月、キャンベラの日本大使公邸で開催した天皇誕生日のレセプションには、日豪各界の錚々《そうそう》たる面々が出席してくれました。その一人がスコモでした。元首相や閣僚クラスが天

スコット・モリソン元首相と山上大使
（出典：外務省）

皇誕生日のレセプションに出席するのは珍しいのですが、仁義に厚い性格のスコモは「シンゴがいるんだったら」ということで来てくれたわけです。

レセプションにはトヨタやユニクロなど日本企業もたくさん参加してくれて、ユニクロは日本でも人気のダウン・ジャケットを招待客全員にお土産で一人1着プレゼントするという粋な計らいまでしてくれました。すると、スコモはユニクロのブースに行って、「実は妻も娘2人もユニクロの大ファンなんだ」と言って、持ち前の交渉力を発揮し、一人で4着も持って帰った（笑）。

この茶目っ気と庶民的でまったく気取っていない人柄が本当に彼の魅力なんですよね。

2024年の7月、私が離任後1年ほど経ってから豪州を再訪した際、シドニーのオペラハウスで夕食を共にして歓待してくれたのもスコモ夫妻でした。その後9月には来日し、六本木ヒルズで再び夕食を共にしました。任国を離れて日本の大使と首相経験者が交友を重ねる、こんな国はなかなかありません。

話を戻すと、やはりこういう人がリーダーになる「庶民の国」オーストラリアだからこそ、日本人の民間人の献身や仕事ぶりがオージーの心に深く響き、反日感情を和らげ、戦後の日豪和解を促進した側面があったことは間違いないと思います。

オーストラリアの米作りのルーツに日本人

山岡：ところで、山上先生はオーストラリア滞在中にサンライス社のお米は召し上がりましたか。「ショート・グレーン（Short-Grain）」という、日本のお米と同じ種類のものです。

山上：懐かしいですね。食べていました。

山岡：私はオーストラリアにいた頃、「なぜこれほど日本のお米にそっくりなものがあるんだろう」と疑問に感じつつも、異国の地にこんなお米があるのは非常にありがたいなと思いながら食べていました。のちに調べてわかったのですが、そのお米を作ってオーストラリアに根づかせたのが、高須賀穣さんという日本人でした。

高須賀さんは、幕末の1865（慶応元）年生まれで、お父さんは四国松山藩の料理長をしていた高須賀嘉平という方だそうです。つまり、もともと農家の人ではありません。

経歴も非常にユニークです。慶應大学進学後にアメリカへ留学し、インディアナ州デ・パウ大学、ペンシルバニア州ウエストミンスター大学で学び文学士の学位を取得。帰国後には

1898年に衆議院選挙に立候補して当選しています。

オーストラリアを訪れたのは、1905（明治38）年のことです。数え年で40歳の時に妻と2人の子供を連れ、ビクトリア州に移住しました。そして、州政府に米作りをプレゼンしてマレー川沿いに300エーカー（120ヘクタール）の土地を貸与されると、さまざまな苦難を乗り越えながら、試行錯誤の末にオーストラリアでジャポニカ米の栽培に成功します。これが今日のサンライス社のお米のルーツです。

今日、オーストラリアのお米は、ジャポニカ種が80％を占め、1ヘクタールあたりの収穫高では世界一を誇っています。その基盤をつくったのが実は高須賀穣という日本人だったわけです。白豪主義時代のオーストラリアでここまでのことを成し遂げたのは本当に偉業だと思います。これも日本人が知らない歴史の一幕ですよね。

ビジネスが日豪の友好関係を育んだ

山上：貿易の面でいうと、日豪関係で最初に大きな役割を果たしたのは羊毛貿易です。明治時代に兼松株式会社の創業者・兼松房治郎が世界一の羊毛産出国オーストラリアに目を付け、それまで英国商社経由で日本に輸入していた羊毛を、シドニー港で買い付けて日本に直輸入するようにしました。これが日豪の直接貿易の第一歩となります。日豪関係において、政治家でも外交官でもない、民間のビジネスマンのみなさんが果たしてきた役割が非常に大きかったことは間違いありません。

ジーナ・ラインハート　©ロイター／アフロ

　私の友人に、「鉄鉱石の女王」の異名を持つ、ジーナ・ラインハートという大物実業家がいます。長者番付で常に1位になるオーストラリア切っての大富豪でもあります。彼女は豪鉱山開発会社ハンコック・プロスペクティングの会長を務めているのですが、よく「私は日本に助けられた」と言っていました。鉄鉱石を見つけて採掘し、鉄道で港まで運び、そこから船で日本に輸送するには、日本の商社の協力が不可欠だったというわけです。また、経営が厳しい時もたびたびあったけれど、それを救ってくれたのはＪＢＩＣ（国際協力銀行：日本政府が全株式を保有する政策金融機関）や日本のメガバンクだったとも言っていました。

　彼女のように、オーストラリアで大成功しているビジネスマンの中にも、日本への愛着と感謝の気持ちをもってくれている人がたくさんいます。こうした事実も日本人は知っておくべきですよね。

山岡：ビジネスを通じた民間の交流もあって、戦後の日豪関係はだんだんと改善され、敵国から友好国に変わっていったということですよね。

日豪共同で戦没者の名を未来に残す

山上：先ほど、大使として最初の公式訪問先がダーウィンだったという話をしましたが、翌年の2022年2月にダーウィンを再訪しています。その時にも、戦後の日豪和解を象徴する重要な行事がありました。日本海軍の伊号124潜水艦の乗組員全員の氏名・階級・出身地を記した記念碑の除幕式です。

伊号124は、ダーウィン空襲に先立つ1942年1月20日、機雷敷設や哨戒のためにダーウィン沖を航行中、オーストラリア海軍掃海艇の爆雷と米軍航空機の爆弾を受けて沈没しました。これにより、乗員80名は全員死亡。戦後になっても船体は引き上げられず、戦争墓地として保護されているため、英霊のご遺体は今なお、ダーウィンから西北西に約95キロメートル地点、水深約50メートルの海底に沈んだ艦内に残されたままになっています。

２０１７年には、伊号１２４沈没とダーウィン空爆75年を機に、伊号１２４乗員の慰霊碑が建立されました。この慰霊碑建立は、豪日関係強化のためにオーストラリア人・日本人の双方により運営されている北部準州豪日協会（ＡＪＡＮＴ）が北部準州政府と豪国防省から補助金を受けて主導したものです。もちろん、日本側もキャンベラの日本大使館やシドニーの日本総領事館などが協力しました。

私は２０２１年2月のダーウィン初訪問時にこの慰霊碑に献花を捧げたのですが、強い違和感を覚えました。というのも、慰霊碑建立に携わったオーストラリア側の責任者や当時の日本大使など関係者の名前はそこに記されていたのですが、伊号１２４の乗員の名前がどこにも記されていなかったのです。これは私なりの世界観、歴史観によるものかもしれませんが、順序が逆なのではないかと思いました。つまり、英霊を顕彰することこそ、慰霊碑建立の主眼であるべきではないかと思ったわけです。

山岡：まったく同感です。

山上：そこで、２０２２年の伊号１２４沈没後80年に際して慰霊碑の隣に、あらためて乗員の名前を記した記念碑を新たに建ててもらう計画を立てました。

もちろん、簡単なことではありません。80名全員の名前・階級・出身地を万が一にも間違いのないようしっかりと調査し、日本で銅板に刻んでもらい、その銅板をオーストラリアに運んで、記念碑の石に埋め込むという大仕事でした。予定通り2022年2月に記念碑の除幕式を行えたのは、北部準州政府、豪日協会やシドニーの日本総領事館、キャンベラの日本大使館の関係者の尽力と連携の賜物です。ダーウィン在住の日本人の方々にも非常に積極的に協力していただきました。

また、何より嬉しかったのは、オーストラリア側の関係者にこの記念碑建立の計画を相談した際、二つ返事で「彼らの名前をしっかりと記録して後世に残すのは当然のことだ。ぜひやろう」と言ってくれたことです。これは私が大使としてやった仕事の中で、誰にでも誇れる仕事のひとつだと思っています。

山岡：本当に素晴らしいお仕事だと思います。

安倍国葬に訪れたトニー・アボット元首相の嘆き

山岡：こうして日豪双方の努力によって両国間には戦後の和解が達成されたわけですが、それが如実に表れた出来事として個人的に印象に残っているのは、2022年7月8日に安倍晋三元総理が凶弾に倒れた際に示してくれたオーストラリアの友情です。これは特別なものがありましたよね。

山上：2022年9月27日に行われた安倍晋三元総理の国葬には、オーストラリアから現職のアンソニー・アルバニージー首相のみならず、ジョン・ハワード、トニー・アボット、マルコム・ターンブルという元職3名も出席してくれました。こんな国は他にありません。素晴らしいことだと思います。

アルバニージーは労働党左派、ハワードとアボットは自由党右派、ターンブルは自由党左派です。加えて、ターンブルとアボットが犬猿の仲であることは、オーストラリア政界では知らない人はいません（ターンブルはアボット政権の閣僚でありながら、アボットを追い落として首相の座に就いた）。

要するに、安倍元総理の国葬には、オーストラリアの首相経験者4名が、政治的な立ち位置の違いや、個人的な人間関係を横に置いて、集まってくれたというわけです。この事実は、対日関係重視の姿勢が党派を越えてオーストラリアに根付きつつあることを如実に表していると思います。

また、安倍元総理が亡くなられた当時、世界各地の日本の在外公館で弔問の記帳受付をしていたのですが、オーストラリアではアルバニージー首相とペニー・ウォン外相が連れ立ってキャンベラの日本大使館公邸を来訪し、丁重に記帳してくれました。

私の記憶する限り、安倍元総理の国葬のために4名もの首相経験者が来日した国もなければ、首相と外務大臣が連れ立って日本大使公邸に記帳に来た国もありません。それだけオーストラリアは安倍元総理との関係、ひいては日本との関係を大事にしているということです。

山岡：私が個人的に非常に感動したのは、オーストラリアが自主的にキャンベラの公園に安倍元総理を追悼する記念碑をつくったり、桜の植樹をしてくれたりしたことですね。

しかし、そうやってオーストラリアが厚い友情を示してくれた一方、日本では、事件現場の大和西大寺に、モニュメントはおろかプレートすらありません。ようやく事件現場から5キロメートル離れた霊園内に有志による慰霊碑が建てられましたが、肝心の事件現場は市の整備計画によってガードレールが撤去されて車道になるなど大幅に改装されて、今となっては現場検証もできない状態になっています。

憲政史上最長の政権を維持し、国際的にも高い評価を得た首相の非業の死に対して、世界中の人々が哀悼の意を示してくれたのに、日本人は事件現場に一片のプレートすら設置しない。加えて、日本のメディアは、一部の反安倍団体のデモンストレーションをわざわざピックアップして、「日本ではこんなに反安倍が盛り上がっているんだぞ」という印象を与えるような報道をする。日本の左巻きの学者も変なコメントする。この温度差はいったい何だろうかと、私は非常に深く落胆しました。そして、大変残念なことに、その落胆を安倍元総理の国葬に参列

トニー・アボット元首相と山上大使（出典：外務省）

するために来日してくれた世界各国の指導者・要人の方々にも味あわせてしまった。

以前、トニー・アボット元首相にインタビューした際、彼はそのことを「非常に残念だ」と悲しげな表情で嘆いていました。そして、新約聖書から「預言者は自国では名誉がない（Prophets have no honor in their own country）」という一節を引用して「安倍晋三は単に長期政権を維持しただけの首相ではない。彼は世界中から賞賛された本当に素晴らしい政治家なんだ。ところが、肝心の日本人がそれを理解していない」と指摘していました。また、「安倍さんの国葬をめぐって日本国内で多くの議論があったのは知っていたが、理解しがたいことだった」ともおっしゃっていましたね。

積極外交を外務省のスタンダードに

山上：安倍元総理の外交面での功績で最も高く評価されるべきは、日豪関係を格段に進展させ

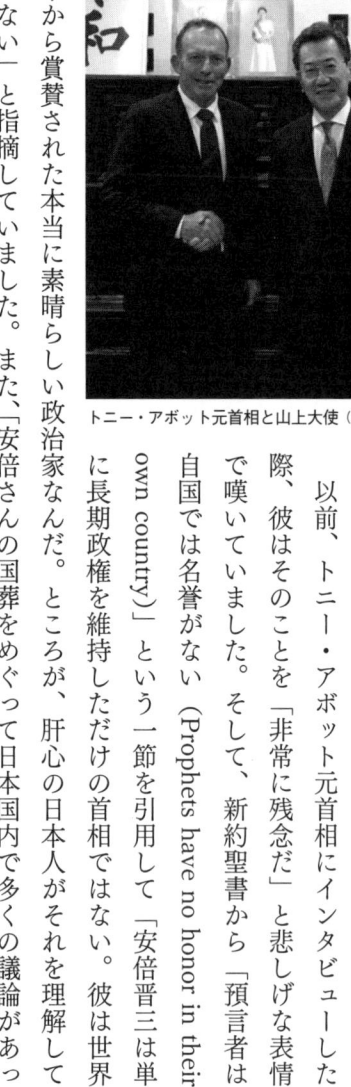

たことだと思います。「特別な戦略的パートナーシップ」という言葉にしっかりと肉付けをしたのは安倍政権です。先にも少し触れましたが、2018年の安倍元総理のダーウィン訪問、特にスコット・モリソン首相と一緒に慰霊碑に献花したことは、戦後長年かけて達成した日豪和解を象徴する行為でした。実は日本の首相がダーウィンを訪問したのは、この時が初めてです。スコモは今でも「あれは本当に感動的な経験だった」と言っています。

安倍元総理は別にダーウィンで村山談話を繰り返したわけじゃない。謝罪したわけでもない。ただ、深々とこうべを垂れて、哀悼の意を表明しました。その光景にオーストラリアの人々は心打たれたわけです。

よく日本の「左」の人たちは、安倍晋三という人間に対して、「右翼」「国粋主義者」「修正主義者」などといったレッテルを貼り、貶めようとします。しかし、国際社会において安倍元総理が高く評価されていることを、まず「事実」として、正面から受け止めなければ、今後の日本外交の方向性を誤ってしまいます。

もうひとつ指摘しておくと、今のオーストラリアのアルバニージー政権は「左中の左」と言われていますが、そのアンソニー・アルバニージーが弔辞で安倍元総理をどう評したか。「真の愛国者（true patriot）」です。

「愛国」という言葉が嫌いな日本の左翼陣営がこれをどう受け止めたのか、私は聞いてみたいですね。

山岡：非常に珍しいことですが、安倍元総理が推進されたクアッド（QUAD：自由・民主主義・法の支配などの基本的価値観を共有する日米豪印4カ国の枠組み）も、日本主導の戦略です。そういう意味で、安倍元総理は世界に非常に大きな足跡を残されました。その記憶が、肝心の日本国内よりも、オーストラリアにおいてより強く残っているということですね。

アルバニージー首相を大使公邸にて出迎える
（写真：オーストラリア首相オフィス）

日本国内では、安倍元総理の事件を薄れさせようという方向に動いています。話題にすることすらはばかられ、記憶から消し去ろうとしているようにも見えます。本当に嘆かわしいことです。

その一方で、オーストラリアが示してくれた温かい友情は、多くの良識的な日本人にとって心の支えになっていることでしょう。山上先生は大使としてその一端を担ってくださった。本当に日本外交史に残る大活躍だったと思います。

山上：私は時期にも恵まれていました。先人の絶え間ない尽力のおかげで日豪間の戦後和解がすでに達成されていた上に、オーストラリア側に「アジアのベストフレンドは日本だ」という意見が強くなっている状況で大使として赴任したので。そういう背景もあって、さまざまなことにトライできたし、日豪関係を進展させることも決して難しくはありませんでした。

だからこそ強調したいのは、日豪関係は大使一人の交代で揺らいでしまうようなものであってはいけないということです。「人が代われば終わり」ではなく、誰が大使であっても日豪間の良好な関係を維持できるような外交姿勢であり続ける必要があります。

今日の日豪関係は、全体的に見れば、非常に地合いが良く、全般的に恵まれていることは間違いありません。ただ、部分的に見ると、オーストラリアの現政権は労働党の中でも「左の中の左」と言われるアルバニージー政権であり、中国も戦狼外交から微笑外交に切り替えて秋波を送っています。

こういう時こそ、日本側から絶えず対外発信をして、オーストラリアの心ある人々に対して、日本のものの考え方、受け止め方などをしっかりとインプットしていくことが重要です。その努力は決して怠ってはいけないということを、日本人が共通認識として持っておく必要があり

弔問記帳に訪れたアルバニージー首相
(写真：オーストラリア首相オフィス)

ます。国と国との友好関係も、人間同士の友情と根本的な部分では同じですからね。ガーデニングのように、しっかり水や肥料をあげて、定期的に雑草を抜くなど、基本的な手入れを絶え間なくしていかなければ、すぐに枯れてしまいます。

敢えて心を鬼にして指摘しますが、大使の中には仕事よりもゴルフにばかり興じたり、リスクを伴うテレビインタビュー対応をはじめとする対外発信に尻込みする輩が少なくありません。トップがそんな姿勢だと、やる気のある優秀な大使館スタッフ（豪州人、日本人）も幻滅して辞めていくことも珍しくないのです。

山岡：おっしゃる通り、山上先生が取り組んでこられた外交を、大使の個人技、すなわち一代限りの「ファインプレー」にするのではなく、外務省の「スタンダード」にしていくべきだと思います。せっかくここまで山上先生が積極的な外交で大きな成果を上げられたのに、また従来の消極的な受身外交に戻ってしまっては、あまりにももったいない。

ご指摘のように、中国をめぐる動きはまだまだ予断を許さない状況です。今こそ山上先生が築かれた積極外交、国益重視のパトリオット外交をしっかりと外務省で継承していく必要があると思います。

第二章

国益を守れ！
歴史戦という
未来を守る戦い

豪州を反日に巻き込もうとする中国・韓国

山岡：これまで中国・韓国は、歴史問題で叩けば日本人を簡単に屈服させることができると学んで、長らくそこに日本を封じ込めてきました。

しかし、「戦後レジームからの脱却」を掲げた安倍晋三政権が誕生したことで、そうした状況が変わります。彼らに屈しない首相がいよいよ日本に登場し、謝罪だけの外交から一線を画す、積極的な外交姿勢を示すようになったわけです。

これに対して、中韓は世界各国を巻き込んで、反日を煽る歴史戦を仕掛けてくるようになりました。当初、その主たる戦場はアメリカでしたが、やがて平和なオーストラリアにも中韓による反日の歴史戦が持ち込まれるようになります。

私がそれに関わるようになったのは、忘れもしない2014年3月31日のこと。この日、いつも通り仕事をしていた私のもとに1通のメールが届きました。

「明日の午後6時半、ストラスフィールド公会堂で、慰安婦像設置案に関する公聴会と決議が行われます。日本人のみなさんは集まってください」

その数週間前に日系コミュニティ紙がシドニーで中韓反日団体の結成と、慰安婦像建立推進を伝えていたので、私もそういう動きがあることは噂程度には知っていました。記事では、その団体の会長代理という韓国人が「オーストラリア全土に10基の慰安婦像を建てることを目標にします」とインタビューに答えていました。しかも日本語で。その最初のターゲットになったのが、シドニー郊外にあるストラスフィールドという街だったわけです。

山上：私もストラスフィールドには行ったことがあります。コリアタウン（韓国街）としてよく知られているところですね。

山岡：当時のストラスフィールドは人口4万人強で、中国・韓国系移民が人口の約3割、1万人を超えていました。対して日本人は、子供を含めてもわずか70人ほどでした。

ストラスフィールドはもともと中産階級がたくさん住むような、それなりに良い家が建っている静かな町でしたが、ある時期から中韓系の人たち、特に韓国人の移民が多くなっていきました。

もっとも、韓国人が増えたこと自体は問題ではありません。

確かに韓国人には、異様なほど強い反日感情を持っている人がたくさんいます。しかし、オーストラリアで普通に平和に暮らしている韓国人の大半は自発的に反日活動をするような人たちではありません。みんなコミュニティにおける自分の生活を第一に考えているため、自分から騒ぎを起こすようなことはしないわけです。

ストラスフィールドも本来、韓国人が多いからと言って反日運動が起こるような街ではありません。韓国系の焼肉屋がたくさんあって、私も焼肉を食べたい時には、わざわざストラスフィールドまで行って食べていたくらいです。

私が日本人でもみんなフレンドリーに対応してくれて、韓国人の店員と何気ない会話を交わすこともありました。「少女時代よりも安室奈美恵が好きだ」と言った店員がいました。そんな平和な街だったのです。

そもそもオーストラリアは多文化共生主義が比較的うまくいっている国なので、反日運動が自然発生的に起こるような土地柄ではありません。

ところが、そこに中国共産党のエージェント、工作員が入ってくると話が変わります。

彼らは突然、「日本の戦争犯罪を糾弾する中韓連合」(Austral China Korea Alliance against Japanese War Crime) という反日団体を結成し、韓国人協会のような組織に声をかけ、「君たち、慰安婦像を作りたいんだろ。一緒にやろうよ」と煽りました。これがオーストラリアにおける慰安婦像建立計画の始まりです。

だから、ストラスフィールドでの歴史戦を仕掛けてきたのは、実は韓国人ではなく、彼らの反日感情を利用した中国共産党の工作員だったわけです。

オーストラリアが歴史戦の舞台になった理由

山上：オーストラリアが多文化共生主義だというのは非常に重要なポイントですね。オーストラリアは、1970年代に国の方針を大幅に変えて、白豪主義から多文化共生主義、すなわち、それまでの英国やアイルランド、さらにはイタリア、ギリシャ、ポーランドといった欧州だけでなく、アジアや中東などからも移民を受け入れる方向に舵を切りました。だから、中国の工作員、あるいは中国の息のかかった外国人、韓国の極左、北朝鮮の工作員などが入りやすい環境にあったことは間違いありません。これはオーストラリアが歴史戦の舞台になった大きな要因のひとつだと思います。この点は、日本も教訓として学ぶべきことが多々あります。

山岡：おっしゃる通りですね。

山上：もうひとつの要因は、日豪が第二次大戦で干戈《かんが》を交えたという歴史的な背景です。「オーストラリアはかつて日本と戦争をした国だから、一度〝反日〟の火をつけてしまえば燃え広がりやすいだろう」という期待が、歴史戦を仕掛けてきた反日勢力にあったとしても不思議ではありません。

三つ目の要因は、オーストラリアがそれなりの規模の国だということです。

メル・ギブソン「マッドマックス2」（1981）©アフロ

ラッセル・クロウ「グラディエーター」（2000）©アフロ

ニコール・キッドマン
©ロイター／アフロ

多くのオーストラリア人は自国を「ミドルパワー」と称していますが、私の観点だと、国際社会におけるオーストラリアの影響力は、ミドルパワー以上、グローバルパワーだと言っても過言ではありません。

例えば、スポーツの世界を見ても、人口は日本の5分の1程度、2600万人くらいしかいないのに、近年のオリンピックでは、アメリカ、中国に次ぐ世界上位クラスのメダル獲得数を誇っています。また、ハリウッド映画でも、メル・ギブソン、ヒュー・ジャックマン、ラッセル・クロウ、ニコール・キッドマン、ナオミ・ワッツ、ケイト・ブランシェットなど、主演男優・主演女優クラスで実はオーストラリア出身者がたくさん活躍しています。

要するに、そういう世界的に影響力のある国で歴史問題に火をつけて、「日本は悪者だ！」とアピールすることで、他の英語圏の国々、さらには世界中に反日を伝播させる戦略であったとして不思議ではありません。

ストラスフィールドに住む日本人女性からのSOS

山岡：海外に住んでいる韓国人・中国人は、その土地で同胞の数が増えてくると、現地で自分たちのコミュニティをつくり、自分たちの代表を市議会議員などの形で政治の世界に送り出そうとします。ここが日本人との大きな違いです。日本人は海外のどこに住んでも日本人であり続けて、その地域に溶け込んで静かに暮らしています。そこがまた日本人の評判が良いところでもありますが、政治力という点で見ると、やはり弱い。こうした傾向は私が住んでいた頃のオーストラリアでも見られました。
ストラスフィールドの中韓系住民は、自分たちの代表である市議を先頭に立てて、議会を通じて慰安婦像設置の計画を進めてきました。しかも私有地を買って建てるのではなく、ストラスフィールド駅前の公有地に、正式に慰安婦像を建てようとしたわけです。

その時の慰安婦像は、今日のソウルの水曜デモなどで見られるマスプロダクション、すなわち規格大量生産型のバージョンではなくて、中国人のデザイナーがわざわざ新たにつくった、オーストラリア版の三姉妹の像でした。韓国人、中国人の慰安婦に、なぜかオーストラリア人の慰安婦まで寄り添ってるという不思議なデザインです。無理矢理にでもオーストラリア人を入れて慰安婦三姉妹にしておけば、オーストラリア人に受け入れてもらいやすいという判断だったのかもしれません。

後で判明したことですが、慰安婦像設置の推進役だった韓国系のサン・オク副市長が申請書を議会に提出したのが3月25日、公聴会と市議会が開かれたのが4月1日なので、異例の早さで事が進んでいました。日本側の反発が高まる前に電光石火で決めてしまおうという、見え見えの策略でした。

当時、私はオーストラリアの大学院を出て、現地のグローバル企業で働いていました。とりたてて政治に関心があったわけではありません。歴史を専門的に学んだわけでもなく、熱心に国際情勢を追いかけていたわけでもありません。ごく普通の会社員です。政治的な問題とは特に関わりのない生活を送っていました。オーストラリアに駐在している日本のビジネスマンと食事やゴルフなどの交流している時に慰安婦の話題が出て気になっていた程度です。

そんな私のもとに、公聴会の前日、先に紹介した1通のメールが届きました。差出人はストラスフィールド在住の日本人のお母さんでした。

ソウルの日本大使館前の慰安婦像を囲む水曜デモ参加者（2012年）

ベルリンの慰安婦像。世界中で歴史戦が行われている

そのメールがなぜ私のところに来たのか、経緯は未だによくわかりません。どうやら、慰安婦問題で日本を貶める勢力と戦う日本のグループ「なでしこアクション」からの拡散メールが巡り巡って私のところに舞い込んできたようです。

とにかく、私は早速、メールの拡散主に連絡し、このお母さんからすぐに私に連絡をくれるよう、携帯番号を渡して依頼しました。

山上：行動が早いですね。それにつけても、こうした草の根の対応がいかに大切かわかります。

山岡：当時、私の脳裏には「日本を貶めるような行為は許せない」という考えももちろんあったのですが、それ以上に「このお母さんのSOSを見て見ぬふりしていいのか」という気持ちの方が強くありま

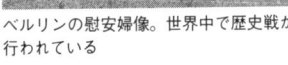

した。

　ストラスフィールドに住んでいるごく普通の女性たちがこういうメールを送っているということからも、日本側は組織化されていないことがわかります。彼女たちは愛国心や日本の名誉云々ではなくて、純粋に自分たちの子供たちが学校で差別やイジメにあってしまうことなどを本気で心配して、「こういうSOSを発したのだと直感したわけです。「一人の日本人男性として、このSOSを無視することはできない。そんなことをしたら、もう自分は何も言えない人間になってしまうだろう」というのが当時の正直な気持ちでした。

　それに、普通のお母さん方に比べれば、少なくとも私はビジネスの世界で鍛えられている分、英語での交渉や議論には慣れています。少しは役に立てることがあるはずだと思い、コンタクトをとろうと思ったわけです。

マイノリティにはマイノリティなりの戦い方がある

山岡：私の携帯番号を伝えてからしばらくすると、メールの差出人のお母さんに頼まれたオーストラリア人の男性から電話がかかってきました。

聞けば公聴会では賛成・反対双方から代表者数名がスピーチをすることになっていました。そこで私が彼にスピーチの準備はできているのかを確認したところ、「できていないんだ。何か意見はあるかい？」と返されたので、私は持論を述べました。

「相手はいつものように歴史問題で日本を糾弾してくるだろう。しかし、その土俵に乗って反論すべきではない。つまり、歴史的事実をめぐる議論にあまりこだわるのは得策ではない。事実関係がどうであれ、そんな問題をローカルコミュニティに持ち込んではダメだという原則論を一貫して主張すべきだ」

すると、彼も私の意見に同調してくれたのですが、「でも公聴会は明日の夜なんだ、どうしたらいいんだろう」と言うので、その日の夜に会って明日の相談をする約束をしました。その際、できるだけ多く彼の友人を集めてほしいというお願いもしました。

仕事を終えて彼のもとに行くと、集まってくれたのは、彼の友人のアメリカ人や、日本人とオーストラリア人の夫婦など、ほんの10人足らずでした。とにかく時間がなかったので、私たちはお互い自己紹介する暇もなく、スピーチの準備をしました。

今でもはっきりと覚えているのは、その場にいた地元の日本人男性が寂しそうな顔をして「どうせ明日、公聴会に出向いても、どうすることもできないんですよ。この地区に住む日本人は子供をいれても70人程度、中国人・韓国人は合計で1万人以上いるんですから」と言ったことです。それに対して、私は何の根拠もなく、「マイノリティだからって負けるとは限りませんよ。マイノリティにはマイノリティなりの戦い方があるんです」と言って男性の肩を叩きました。

山上：その通りですね。歴史戦はいかに周囲の第三者にアピールするかが戦略的に重要ですから、単純に数が多ければいいという話ではありません。

山岡：とは言え、70人対1万人の差は確かに大きいですから、自分自身を鼓舞したい気持ちもあったのだと思います。

とにかく、スピーチの順番と構成をあと数時間で考えなければいけません。話し合いの結果、1番手はオーストラリアで生まれ育った日本人大学生、2番手は私に電話をくれたオーストラリア人男性、3番手は慈善活動に熱心なクリスチャンのアメリカ人男性でいくことに決め、もし4番手の枠があれば、私も出ることになりました。

ストラスフィールド攻防戦

山岡：翌日、4月1日の夕方、公聴会が開かれる市庁舎の周辺はお祭りのような騒ぎになっていました。中高年の中国人・韓国人の集団がすでに戦勝気分で盛り上がっていたのです。例の慰安婦三姉妹像の絵を掲げて記念写真を撮っているグループもいました。

予想通り、中国人・韓国人の方が数は多く、70～80人ほど集まっていましたが、日本側も主に女性が30人ほど集まっていました。

スピーチ合戦は幸いなことに賛成派が先攻、反対派が後攻になりました。

賛成派は中国人と韓国人が入れ替わりでスピーチを行いました。ところが、彼らの話す英語もさることながら、内容自体もひどかった。持ち時間もオーバーして、ただひたすらに日本の悪口を言い続けていました。曰く、日本は戦争中に20万人もの女性を拉致《らち》して性奴隷にするというひどいことをした。安倍晋三はそれを反省せずに繰り返そうとしている。日本の軍国主義化を許してはならない。そのためにも慰安婦像を建てる必要がある云々、過去に何度も聞いたことのあるお馴染みの主張をここでもまくし立てていたわけです。ただ、英語がヘタで聞き取りづらい上に、持ち時間も無視してしゃべり続けるので、市長も市議も明らかにうんざりした表情を浮かべていました。賛成派のスピーチをした人たちの中で、英語のネイティブは一人だけでした。

一方、反対派の我々はネイティブ・スピーカーを揃えて戦いに臨みました。

1番手の大学生は、この慰安婦問題が勃発してから、彼の友人が学校で中韓系の同級生や講師から差別されるようになったと述べ、このままでは大好きなオーストラリアが誇る多文化共生主義が崩壊してしまうのではないか、という懸念を訴えました。

2番手のオーストラリア人男性は、慰安婦像の設置が、国の反差別法に抵触している点、ストラスフィールド市のモニュメントポリシーにも明確に違反している点を指摘しました。そもそも、市のモニュメントポリシーには「いかなるモニュメントも市に直接関連したものでなくてはならない」と明記されていたのです。

3番手のアメリカ人男性は、「慰安婦像はコミュニティの分断を招き、自分たちが行政とともにこれまで築き上げてきた地域の融和を破壊してしまうので看過できない」とした上で、「昔のことより今の豪州社会が直面している、性犯罪を含む深刻な課題にこそ集中すべきだ」と訴えました。彼はストラスフィールドに22年も住み、チャリティ事業で地域に貢献してきた人物でした。夫人は市のWoman of the Yearにも選ばれたことがあるそうです。その彼が「慰安婦像はコミュニティの和を乱す」と訴えたのは、非常に説得力がありました。

山上：先ほどおっしゃった通り、相手の土俵に乗ることを見事に避けましたね。私も大使として歴史問題に関連する発信をする時には、常にそれを心がけていました。

戦後50年の村山談話などを引き合いに出して「日本は謝罪しています」などと訴えるのは、歴史戦の闘い方としては愚の骨頂です。まさに相手の用意した土俵に乗ってしまっているので、「謝罪に誠意がない」「補償が不十分だ」といった二の矢を招き、防戦一方になってしまいます。

歴史認識としては、「日本が悪かった」という相手の認識を無条件に受け入れて、「上塗り」するだけとなりがちです。

その点、山岡先生たちが歴史認識の問題ではなくコミュニティの調和を主軸に置いたのは、非常に有効な戦略だったと思います。喧嘩のやり方をよくご存じですね(笑)。

山岡：ありがとうございます(笑)。その後、幸運にも4番手の枠があったので、私の出番になりました。私は相手の論調を見て最後の反撃をするつもりだったので、あえてスピーチ原稿は用意していませんでした。相手側は極めて感情的かつ攻撃的なので、この部分を突くのが最も効果的だろうと判断したからです。

私は、スピーチ原稿の代わりに、中韓の慰安婦像設置推進団体の取材記事を掲載した先述の日系コミュニティ紙を片手にマイクの前に立ちました。そして、丁寧な口調で、可能な限り穏やかに次のような内容を主張しました。

「歴史の学び方はいろいろありますが、こんなやり方は感心しません。私たちはいつでも中韓コミュニティの方々と歴史について語り合う用意があります。しかし、慰安婦像を建てる真の目的は何でしょう。この新聞のインタビュー記事にははっきりと書いてあるようです。慰安婦像設置推進団体の代表の方が明言していますね。『慰安婦像を建てる目的は、日本が昔も今もどんなにひどい国か、世間に知らしめるためだ』と。その目的のために、全豪に10基の慰安婦像を建てるのが目標だと。この内容に間違いがないことを会長さんが承認しているとあります」

「アメリカでは慰安婦像が原因で、日系の子供たちに対して差別やイジメが発生しているのですが、それについては『日本人特有の嘘だ』と言い切っています。こんなことが罷《まか》り通るのなら、私は決して自分の子供をストラスフィールドの学校には行かせないでしょう」

「これは明らかに政治的な反日キャンペーンであり、慰安婦像はその象徴に過ぎないということです。韓国人、中国人、豪州人の慰安婦三姉妹は女性の人権の象徴であって日系住民を責める敵対的なものではないとのことですが、女性の人権をとりあげるならば、他の国の女性も含めなければ差別にあたるのではないのですか？」

「これまでのところ、ストラスフィールドは多文化共生主義が最も成功した街です。その評判を維持していく必要があります。慰安婦像によって分断された街として記憶されてはいけません。市議会のみなさんもきっとそう思うのではないでしょうか！」

そう言い切ったタイミングで、まるで測ったかのように時間終了のベルが鳴り、スピーチ合戦が終わりました。私たちが、相手を凌駕し、圧勝したことは、誰の目にも明らかでした。

ただ、市議たちは、票田である中韓住民を前に、自分たちの手でその場で否決する事態を避けました。彼らは一旦別室に移り、40分も話し合った後、「この問題は市のレベルを超えているので、州や連邦の大臣に判断を求めます」という結論を出したのです。

即時却下されなかったのは大いに不満でしたが、とりあえずは中韓団体が目論んだ「奇襲による可決」は阻止できました。

私たちは見ず知らずの人たちからも握手を求められました。親日派韓国人から握手を求められた仲間もいたそうです。

中韓の応援団は市議たちの出した結論を聴いた直後は、みんなポカンとしていましたが、やがて事情が呑み込めると「信じられない」と落胆していました。中には怒鳴り出すおじさんもいましたが、全体的に見ると、怒りや嘆きというよりも、狐につままれたような表情が多かった印象です。日本側が毅然とした態度で反論してくることなど、彼らにとってまったくの想定外であり、自分たちのシナリオにはなかったのでしょう。

彼らのグループはその後、中国人と韓国人で仲違いをして「お前らのせいだ」「いや、お前らがあんな変なスピーチするからだ」と言い争っていました。翌日の韓国メディアは「日本側は明らかに周到に準備していた。中国人のスピーチがひどかったのが敗因」などと報じていました。

一方、私たちはその後もチームワークを維持し、既存の日本人会とは別に、慰安婦像設置防止活動のためのグループを結成することにしました。と言うのも、今回の戦いがストラスフィールド攻防戦の「第一次会戦」に過ぎないことがわかっていたからです。実際、その後も彼らとの戦いは実に1年半にわたって続きました（2015年8月11日、ストラスフィールド市議会は公有地への慰安婦像設置を認めないことを全会一致で決定)。詳細は割愛しますが、とにかく公有地への慰安婦像設置はそれによって阻止したわけです(詳細は拙書『日本よ、もう謝るな』飛鳥新社をご参照ください)。

日本人のイメージの良さが歴史戦の〝国力〟となる

山岡:慰安婦問題に関して、日本人は「歴史的な事実として、慰安婦は売春婦であり、性奴隷ではなかった。強制連行などなかった。こういう証拠もある」といった議論をしがちです。歴史的な事実を明らかにしようとする姿勢は、もちろん学問レベルでは大切ですが、少なくとも海外における歴史戦においては、戦略としてはあまり正しくありません。相手側も、第三国も、基本的に歴史的事実には興味がないからです。

私の経験したストラスフィールド攻防戦の場合もそうでした。オーストラリア人は、学者でもない限り、日韓の歴史的な議論にはあまり興味がありません。下手に歴史の議論にこだわってしまうと、韓国側は元慰安婦のお婆さんなどを連れて来て、彼女が大衆の前で大声を上げて泣くことで、日本が悪いことをした〝印象〟を聴衆に与えようとしてきます。そうなると、議論自体も日本側が負けたような〝印象〟になってしまいます。

だから、私たちは相手が用意した歴史問題の土俵に乗らず、自分たちで土俵をつくり直して戦いました。「あなたたちと個人的に歴史のディベートをする用意はいくらでもあります。でも、この場でそれをする必要はないでしょう。そもそも、公有地に慰安婦像を設置するのは市のポリシーに反している上に、コミュニティの調和という観点からも極めて不適切ですよ」と訴えたわけです。すると、相手はそれに対する準備ができていないから、しどろもどろになります。

また、私たちの用意した土俵に、日本人だけではなく、オーストラリア人やアメリカ人も乗ってくれたから強かったという面もあります。

これは現地の日本人女性たちの力です。彼女たちが毎日の生活を通じてコミュニティの信頼を得ていたからこそ、非中韓系のオーストラリア人らをたくさん味方につけることができました。すなわち、非中韓系の住民たちが「今まで日本人はこの町で勤勉・真面目・平和に暮らしてきたのだから、この町に慰安婦像なんていらないよ。慰安婦像を建てろと騒いでいる連中は何をやりたいんだろう」と感じるような流れにもっていくことができたのです。

その結果、当初、私たちの仲間の日本人男性が心配していたような「圧倒的多数の中韓系vs.圧倒的少数の日本人」という不利な構図を「中韓系vs.非中韓系」という構図に転換できました。それによって私たちはマイノリティからマジョリティになったわけです。

山上：歴史戦を仕掛けられた時に、眦《まなじり》を釣り上げて相手の主張に逐一反論しようとするのは悪手です。歴史戦の目的は目の前の相手を完膚なきまでに〝論破〟することではありません。当事者ではない第三者に「日本の言い分の方がもっともだ」と思ってもらう、あるいは日本に好感を持ってもらう、そして歴史問題が日本外交の足かせ手かせになる時代を終わらせることにあります。つまり、ナラティブ（物語）。特に語り手自身が主役となり、聞き手の認識や共感に働きかけるストーリー）の戦いであるとともに、イメージ戦争です。だから、イメージ戦略で勝たなければいけない。山岡先生のお話をお伺いして、その点をすごく理解されていらっしゃると思いました。

オーストラリアを舞台にした中韓との歴史戦はおそらく今後も繰り返されるでしょうが、その際のポイントとしては、オーストラリアの親日感情をうまくタップすることが大切です。日本ではあまり知られていませんが、実はオーストラリアには在留邦人がたくさんいます。世界各国の中でオーストラリアの在留邦人の数はなんと3位です。1位はアメリカで41万4615人、2位は中国で10万1786人、そして、3位のオーストラリアが9万9830人なので、もうすぐ中国を抜くと思います（各国の在留邦人数はいずれも2023年10月1日現在、外務省の海外在留邦人数調査統計による）。中国は、住みにくいし、空気も悪い上に、スパイ容疑で捕まってしまうかもしれないということで、在留邦人がどんどん減っていますからね。2024年9月

国(地域)別在留邦人数上位10位の推移　各年10月1日現在(単位:人)

順位	令和5年(2023年)			令和4年(2022年)			令和3年(2021年)			令和2年(2020年)		
	国(地域)名	在留邦人数	前年比	国(地域)名	在留邦人数	前年比	国(地域)名	在留邦人数	前年比	国(地域)名	在留邦人数	前年比
1	米国	414,615	-1.0%	米国	418,842	-2.6%	米国	429,889	+0.8%	米国	426,354	-4.0%
2	中国	101,786	-0.3%	中国	102,066	-5.2%	中国	107,715	-3.6%	中国	111,769	-4.0%
3	オーストラリア	99,830	+5.1%	オーストラリア	94,942	+1.6%	オーストラリア	93,451	-4.2%	オーストラリア	97,532	-5.9%
4	カナダ	75,112	+1.0%	タイ	78,431	-5.0%	タイ	82,574	+1.7%	タイ	81,187	+2.6%
5	タイ	72,308	-7.8%	カナダ	74,362	+4.9%	カナダ	70,892	-0.1%	カナダ	70,937	-5.0%
6	英国	64,970	-0.1%	英国	65,023	+2.2%	英国	63,653	+1.0%	英国	63,030	-4.8%
7	ブラジル	46,902	-1.2%	ブラジル	47,472	-2.5%	ブラジル	48,703	-2.0%	ブラジル	49,689	-1.6%
8	韓国	42,547	+2.0%	ドイツ	42,266	+0.3%	ドイツ	42,135	+0.9%	ドイツ	41,757	-6.7%
9	ドイツ	42,079	-0.4%	韓国	41,717	+1.2%	韓国	41,238	+1.8%	韓国	40,500	-11.3%
10	フランス	36,204	+0.3%	フランス	36,104	-0.7%	フランス	36,347	-2.1%	フランス	37,134	-8.4%

出典：外務省、資料を基に編集しています

に中国深圳で発生した日本人学校児童の惨殺事件を踏まえると、在留邦人の数はますます減っていくでしょう。

先ほどお伺いした山岡先生のストラスフィールドのケースではやや事情が異なるところもありますが、オーストラリアで反日勢力との歴史戦を戦うにあたっては、この在留邦人の多さと、彼らの存在を背景にした親日感情を利用しない手はありません。

確かに中国系・韓国系の人たちはすぐにオーストラリア国籍を取得して投票権を得るので、政治力を持ちやすい側面があります。対して日本人は、山岡先生のご指摘通り、どこに住んでも日本への帰属意識が強い人々が多く、二重国籍を認めない日本の法制度の下で日本国籍を捨てること自体にものすごく抵抗ある。だから、オーストラリア国籍を取得して、投票権を得て政治力につなげようという発想も強くない。

ただ、そういう政治力の限界の問題がある一方、イメージの面では、中国系はもちろん、韓国系よりも在留邦人の方が遥かに良いのは間違いありません。

在留邦人の方々は、オーストラリア社会の隅々にまで入り込んでいます。オージーと国際結婚している人もいる。仕事で現地に貢献していたり、僻地で汗を流しているビジネスマンもいる。留学、ワーキングホリデーで頑張ってる人もいる。彼らの誠実さ、真面目さ、勤勉さがオージーに信頼され、日本人の良いイメージにつながっているわけです。

反日勢力との歴史戦においては、この日本のイメージの良さを「国力」として活用し、勝利につなげていくという発想が必要なんですよね。

相手の土俵で反論すると被告席に座ってしまう

山岡：山上先生がおっしゃった「歴史戦で眦を釣り上げて相手の主張に逐一反論しようとするのは悪手」という認識はもっと日本でも広がってほしいと思います。

これは慰安婦問題に限った話ではないのですが、歴史認識をめぐる問題において、よく「日本政府や外務省はもっときちんと反論すべきだ」という人たちがいます。

もちろん相手側の言いがかりのような主張にしっかりと即時に反論することは大前提として大切なのですが、相手の土俵に乗ったまま言い返す「単なる反論」では自分たちを劣位に立たせるだけです。

例えば、慰安婦問題の場合、韓国側が「日本はかつてこんなにひどいことをした」という土俵を設定して世界に発信しています。それに対して日本側が「いや、そんなことをしていない」と単純に反論するだけでは、裁判の被告席に自分から行っているようなものです。婦女を暴行して殺したと非難されて「いや、私はその時、別の場所にいたのでそんなことはできません。被害者のことも知りません。動機もありません」と反論すれば、その時点ですでに「守り」になってしまいます。当事者以外の第三者から見ると、「被告席から一生懸命反論している」という印象になり、がんばって反論したところでせいぜい「証拠不十分により不起訴」程度の勝利しか得られません。

その場合でも、日本人は「言うべきことは言ったのだから、これでやむを得ない。ひとまず良しとしよう」と妥協的になる傾向がありますが、山上先生のご指摘の通り、歴史戦はイメージ戦争、ナラティブの戦いです。議論をする際には、劣位に立つことを極力避け、できるだけ自分たちに優位な形に持ち込まなければいけません。被告席に座ってしまった時点で、マイナスのイメージにつながります。だから、相手の土俵に乗らず、自分たちが優位戦を展開できる土俵を自分たちで設定し直すべきだと考えて、私たちはストラスフィールドで戦いました。

義務教育でスピーチを学ぶ機会がなく、議論にも慣れていない我々日本人には不慣れなことなのですが、ここで言う「優位」は必ずしも「優勢」とイコールではありません。たとえ状況が劣勢でも、相手側から突き付けられたことに対して個別に逐一反論するのではなく、発想を変えて、相手の論点とはまったく違うところから切り返すことで、常に自分たちの用意した土俵で優位に議論を進めていくということです。

山上：拙著「中国『戦狼外交』と闘う」（文春新書）で詳述しましたが、私も大使時代に中国から歴史カードを振りかざされた時には、第三者から見た印象、つまり当事者ではないオーストラリア人がこの議論をどう受け止めるかに細心の注意を払って日本側のメッセージを発信していました。

実例を挙げると、ある時、中国大使が「日本大使は歴史を知らない。第二次大戦中、日本はオーストラリアを攻撃し、多数のオーストラリア人を殺し、捕虜にして受け入れがたい扱いをした。だが、日本政府は謝罪もせず、間違いを認めない。オーストラリア人を脅かした者は再び脅かすかもしれない」と公共の場で発信したことがありました。歴史問題を持ち出して日本を貶めようとする伝統的な手法です。

これを受けて、中国大使に批判された日本大使の意見を聞こうと、豪州テレビ各局が私にインタビューを求めてきました。

ここで感情の赴くままに中国に反論しても、日中が痴話喧嘩をしているような印象をテレビの前のオーストラリア人に与えるだけで、必ずしも日本の得にはなりません。メッセージを発信する最大の目的は、この機会に日本と中国、どちらが信頼できる国なのかをオーストラリア人にわかってもらうことです。

つまり、ターゲットは、一般のオーストラリア人であって、中国の反日勢力ではありません。ましてや、日本国内の親中派でも、嫌中派でもありません。2～3分ほどのインタビューでテレビの前のオーストラリア人に「日本大使の言っていることの方がもっともだ」と思ってもらえるかどうかが勝負なのです。

中国との激しい外交戦を綴った『中国「戦狼外交」と闘う』（文藝春秋社）より刊行中

だから、的を絞って、不毛な歴史認識の問題には踏み込まず、中国大使の歴史カードの使用が論点のすり替えであることを意識させるような主張を展開しました。具体的には「平和を愛好し、ルールを遵守する戦後日本の歩みは誰しもが理解している」とした上で、「今の課題は80年前に起きたことではなく、この地域で現在起きている威圧や威嚇《いかく》にどう対処するかだ」と指摘したのです。要するに、中国側が「こっちにおいで」と挑発して手招きしている喧嘩の土俵には乗らず、相手の歴史カードを無効化して、日本が本来戦うべき土俵に引き戻す戦術をとったということですね。

結果は、日本側にとって大変満足のいくものでした。インタビューが放映されると、キャンベラを代表する有力シンクタンク「豪州戦略政策研究所（ＡＳＰＩ）」のブリストウ戦略・政策副部長が日本側の主張を「外交手腕の極み」と絶賛してくれたのです。

また、日頃から付き合っていた多くのオーストラリアのジャーナリストたちが「今の日本がオーストラリアを侵略するわけがない」と中国の言説にまったく惑わされなかったのも、心強く感じました。アルバニージー首相も、記者からの質問に答えて、日豪関係、とりわけ安全保障上の協力関係の重要性を強調してくれました。

これは山岡先生の体験談にも通じるところがありますが、歴史問題では日本人が反論するよりも、中立的な第三者が反論してくれた方が説得力を持つケースが多々あります。山岡先生のお話をお伺いして、当時のことを思い出しました。

反日勢力との戦いで貫いた「非敵対的合理主義」と「防衛二元論」

山岡：「感情の赴くままに反論しても自分たちの得にはならない」というご指摘もまさにその通りですね。相手の言い分にどんなに腹が立っても、こちらは感情的・敵対的な言動は慎まなければいけない。嫌韓・嫌中には入り込まず、絶対にヘイトスピーチで敵をつくるようなことがあってはならない。それは、私たちがストラスフィールドでの公聴会とその後の活動で最も徹底したポリシーのひとつです。韓国人、中国人に対して自分たちの主張を述べるのではなく、それ以外の第三者、幅広いオーディエンスに対して話しかけるつもりで、あくまでも紳士的・合理的に議論を進めていくというアプローチを採用しました。「中韓連合の挑発に乗らず、常により高い次元の議論に徹する」という決意表明でもあります。私はこれを「非敵対的合理主義」と呼び、活動への参加希望者もこの姿勢を貫ける方に限定しました。

もうひとつ、戦略基盤になったのが「防衛二元論」です。

国家レベルの防衛と、コミュニティレベルの防衛では、当然、戦略が異なります。

国家レベルの防衛は、日本国の汚名を払拭して、名誉を取り戻すことが目的です。沈黙もしくは「謝罪済み」と言って逃げるのは、国際社会では最悪の不適切な対応です。この間違った対応を日本政府、外務省が長年続けてきた結果、歪曲された歴史が既成事実化してしまっています。国家レベルの防衛では、強力かつ地道に対外発信を続けて、これを解消しなければなりません。

一方、私たち民間サイドによるコミュニティレベルの防衛は、あくまでも目の前の慰安婦像設置を阻止し、地域の融和的共存を守ることが目的です。つまり、国家レベルの防衛とは目指すところが異なります。だから、私たちは、この次元が異なる2つのレベルの防衛をしっかりと分けて考え、混同してしまわないように心がけました。

公聴会での私たちは一夜漬けの日米豪混成チームでしたが、切り口を変えながらも、全員がこれらのポリシーを終始徹底して貫いてスピーチを行いました。

中韓連合は日本を残虐非道と非難してくるので、つい「そんなものは捏造《ねつぞう》だ！」と反論したくなるのですが、これまでの経験からも明らかなように、話し合いで分かり合える相手ではありません。逐一反論したところで泥仕合になるだけです。歴史戦に深入りして、こちらが事実を検証しても、彼らはそれを無視して「反省がない。歴史修正主義だ」と声を荒げてきます。そもそも彼らは歴史的事実を明らかにするつもりなどありません。ただ日本を貶めることだけが彼らの目的ですからね。

もちろん、歴史戦を戦うには準備と覚悟が常に必要なので、歴史的な事実に関する勉強は怠ってはいけません。ただ、何度も言うように、議論をする際には、相手の土俵に乗らず、別次元の論点で自分たちの土俵を用意して、優位戦を展開するべきだと思います。

山上：実は外務省のプロの外交官でもそれができる胆力・能力のある人材はなかなかいません。今後日本が歴史戦を戦っていくには、国全体として、右左でバラバラの歴史認識を一定の範囲で平準化していくことも必須ですが、喧嘩の仕方をわきまえた上でのプレゼン能力の抜本的な向上も必要だと痛感しています。

キャンベラで韓国大使に物申す

山岡：これまでの話に関連する内容で、もうひとつ山上先生と共有したいエピソードがあります。

実はストラスフィールド攻防戦の直前、キャンベラに行く機会がありました。当時トニー・アボット首相が日本に行くということで、キャンベラで政治家や財界人を招いてのランチ会が催されたのですが、そのランチ会に、交流のあった国際的な弁護士事務所が「テーブルを一つ買っているから、もし行きたければどうぞ」と私を招待してくれたのです。

いざ出席してみると、私たちのテーブルの隣には、アボット首相をはじめ、各国大使が座っていました。当時の日本大使、韓国大使もそこにいました。

私はその直前に例の日系コミュニティ誌で「中国人、韓国人が豪州で慰安婦像を建てようと不穏な動きをしている」という記事を読んでいたため、そのことについて懸念を抱いていました。また、当時アメリカで韓国人団体が慰安婦問題で騒いでいることも知っていたので、「平和なオーストラリアでこんなことされたら嫌だし、困るよな……」という気持ちが心にある状態でランチ会に参加していたわけです。

会食が進み、アボット首相が警護官に守られて退席すると、手持ち無沙汰にしている韓国大使が目にとまりました。彼は私の韓国人の友人にそっくりだったことを今でも覚えています。

私は席を離れて帰ろうとする韓国大使に声をかけてみました。

「慰安婦像をオーストラリアに建てようとしている人たちがいるらしいと聞いたのですが、大使はご存じでしょうか？　私は非常に懸念しています」

私がそう言うと、韓国大使は非常に驚いた顔で「それは民間人がやっていることなので、政府は関知していません」と答えました。

そこで、私が「政府として関知していないなら、これから関知して止めるように言ったらどうですか。そんなことをオーストラリアでやっても仕方ないでしょう。そういう反日活動を多文化共生主義が根付いているオーストラリアで行うと、せっかくそれまで平和だったコミュニティに軋轢《あつれき》を生みます。日韓関係にも悪影響を及ぼします。韓国政府が直接関与して止めさせるべきではないですか」と告げると「そんな苦情を言ってきた日本人は君が初めてだ」と非常に驚かれた様子でした。

さらに、私が「日本人から苦情を言われたのは私が初めてですか。では、今後は私がオーストラリアに住む日本人の懸念・苦情の類を集めて、あなたにすべてお送りしてもいいですか」と畳みかけると、「いや、それは……」としばらく口ごもっていましたが、やがて気を取り直して「そんなこと言われても、日本だってひどいじゃないか。日本では韓国人を殺せというデモがあるでしょう。サッカースタジアムに『韓国人お断り』と書いてあった事件もある」と一部の極端な例を挙げて反論してきました。

そこで、私が「そんなことをする人たちは日本国内においても厳しい批判を受けています。その件と、いま私たちが話しているオーストラリアでの反日活動の件は、どういう関係があるのですか。慰安婦像を設置すると、せっかくこれまで平和で協調的に暮らしている我々のコミュニティでの生活が乱されることになります。そんな迷惑なことをする権利は、あなたたちにはないでしょう」と言い返すと、彼は本当に驚いた顔をしていました。

そのタイミングで韓国大使に挨拶に来た人がいたので、「では、今後あなたにご連絡差し上げますので、よろしくお願いします」と言ってその場は退きましたが、韓国大使は想定外の事態にショックを受けていた様子でした。まさか日本の民間人からそんなことを言われるとは思っていなかったので、さぞかし驚いたのだと思います。

これは、逆にいうと、日本の政治家や外交官などからも、そこまで真正面から言い返されたことがないということですよね。歴史カードで日本を非難してくる中国や韓国からすると、「歴史問題に関しては、日本人は何も言い返してこないだろう」という思い込みがやはりあるのでしょうか。

山上：残念ながら当然あると思います。以前、中国から日本に帰化した評論家の石平《せきへい》さんと対談する機会があったのですが、その時に石平さんが面白いことを言っていました。「歴史認識問題というのは、日本という〝銀行〟から中国がお金を引き出す時の〝暗証番号〟だ」と（笑）。歴史カードで攻めれば、日本人は謝ってお金を出してくれる。こういう見方が中国や朝鮮半島の人たちの間にあるのは否定できません。その原因は、やはり日本人がしっかりと彼らに言い返してこなかった、もっと言えば、喧嘩が下手だったことにあります。

山岡先生の話をお伺いしてしみじみと思ったのですが、山岡先生のような喧嘩がうまい人にこそ、大使や総領事になってほしいですね。基本的に日本人は、政府の人間も、民間企業の人たちも、歴史をめぐる問題で中韓と喧嘩をしようとはしません。慰安婦問題についての河野談話や戦後50年の村山談話を引き合いに出して、「日本は謝罪しています」などと言い訳して嵐が過ぎるのを待つという対応がほとんどでしょう。だから、相手側が図に乗って攻めてきたというのが、これまでの歴史戦の経緯だと思います。

安倍訪豪を狙った反日団体

山岡：実はストラスフィールドでの公聴会後にもう一度キャンベラに行く機会がありました。2017年7月7日に安倍晋三総理が訪豪し、日本の総理大臣として初めて豪州国会で演説した時のことです。幸運なことに、演説後に開催されるランチ会に、また前述の国際弁護士事務所が招待してくれて、出席できることになりました。

ところがこの時、安倍総理の国会演説に合わせて、なんとストラスフィールドで慰安婦像設置を推進していたオク副市長がアボット首相宛てに「反日、反安倍」のオープンレターを書き、すべての国会議員と州議会議員にばら撒くという挙に出たのです。レターには、日本が軍国主義を復活させようとしていること、豪州は日本を友好国と見做すべきではないこと、日本の蛮行を風化させないために慰安婦像を建てるべきであること、などが書き連ねてありました。

あまりの無礼さに憤慨した私の仲間から、「こちらも反論のレターを書いて拡散しましょう！」という声が挙がりました。しかし、私は「相手と同じようなことをして同レベルに見られても面白くありません。ここはアボット首相からこのオープンレターを否定するようなコメントを引き出すのが最も効果的でしょう」と彼らをなだめました。こちらからも反論のレターを出してしまうと、相手と同じ土俵に乗ってしまうことになるから、別の角度から「工作」を仕掛けようと考えたわけです。

私は入手したオープンレターを複数のルートから日本政府に送り、アボット首相から否定的なコメントを引き出すことの重要性を強調しました。また、この時、安倍総理に随行していた首相補佐官の衛藤晟一《えとうせいいち》参議院議員とアポを取ることにも成功したので、私は7月7日の夜遅く、キャンベラ市内のホテルで衛藤議員と接触し、あらためてオープンレターの内容を説明して、アボット首相の言葉で反論するのが最も効果的だと力説しました。レターを日本語に訳し、概要を説明した資料も大急ぎで作成して用意しました。こちらとしては、趣旨を十分に伝えたつもりなので、後は運を天に任せるだけです。

翌7月8日、キャンベラの国会議事堂の外では、わざわざシドニーからバスを連ねて駆け付けた中韓反日団体が反安倍デモを繰り広げていました。安倍総理の顔に口ひげを書き込んでヒトラーに見立てるプラカードを掲げて騒いでいる様子は日本の左翼団体とそっくりでしたね。その中にはオク副市長の姿もありました。もっとも、デモの場所は国会議事堂から離れていたので、安倍首相の演説にはまったく影響がなかったのですが。

その一方、山上先生はよくご存じでしょうが、安倍首相の演説は大成功でした。戦後の日豪和解の歩みを振り返りながら、2020年の東京オリンピックに言及し、締めの言葉では、国

トニー・アボット首相インタビュー

会に招かれていた1964年東京オリンピックの金メダリスト、競泳女子100メートル自由形で3連覇を達成したレジェンドであるドーン・フレーザー氏に呼びかけました。

「ドーンさん、あなたもお元気で2020年の東京にぜひもう一度お越しください。日本に新しい夜明け（ドーン）を、豪州と日本の未来にも、新しい夜明けを、どうぞもたらしてほしいと思います」

この洒落はうまいと思いましたね。その場も本当に感動的なムードに包まれて、演説が締め括られました。

山上：安倍元総理のスピーチと言えば、2015年4月のアメリカ議会で行った「希望の同盟へ（Toward an Alliance of Hope）」が一般的によく知られていますが、実はオーストラリアでも非常に印象的な演説をされていたんですよね。

山岡：まさに歴史に残る名演説だったと思います。

午後になると、安倍首相の訪豪を総括する記者会見が始まりました。私は緊張しながらテレビ画面に見入っていたことを覚えています。

いくつかの質疑応答が行われ、最後は日本の「産経新聞」の記者からアボット首相への質問でした。すると、アボット首相はその質問には答えず、明らかにあらかじめ用意していたと思われるコメントを述べました。

「もし私がオーストラリア的な表現を用いるならば、日本をフェアに扱え（Give Japan a fair go）と言いたい。戦後の日本は賞賛に値する国家だ。70年前の姿で日本を評価すべきではない。今の日本の姿を評価すべきだ」

オク副市長のオープンレターが完全に否定された瞬間でした。

山上：日本と戦争関係にあった外国の首脳でここまで日本に対して理解と共感を示した発言をしてくれた人はいないですよね。少なくとも、私の記憶にはありません。だから私もこの時にトニー・アボット首相が「Give Japan a Fair Go」と発言したことは鮮明に覚えてますし、その後もいろいろな場面で引用させてもらいました。また、キャンベラに大使として赴任してからは親しく付き合い、本人に直接御礼の気持ちを伝えました。彼のように、日本に対して本当に温かい気持ちを持った政治家がいるところが、オーストラリアのありがたみです。トニーとは今もメールを交換する仲であり、いずれ日本に来てもらった時には大歓待したいと考えているんですよ。でも、本日、あのトニーの発言の背景には山岡先生の働きかけがあったと伺い、さもありなんと得心しました。

山岡：私としては、アボット首相からこの言葉を引き出してくれた方々、現地の外務省の人たちや豪州政府関係者など、舞台裏で尽力してくださった方々には感謝の気持ちしかありません。私の「工作」がそれにどこまで関われたのか、あるいはまったく関わらなかったのか、正直なところまったくわかりませんが、そんなことは大したことではありません。とにかく当時はアボット首相の言葉を聞いてほっとすると同時に感動しました。その気持ちを胸に私は車でシドニーに帰ったのですが、ハンドルを握りながら道中で見たキャンベラ郊外の牧草地の真っ赤な夕暮れが本当にきれいでしたね。それが今でも心に残る思い出になっています。

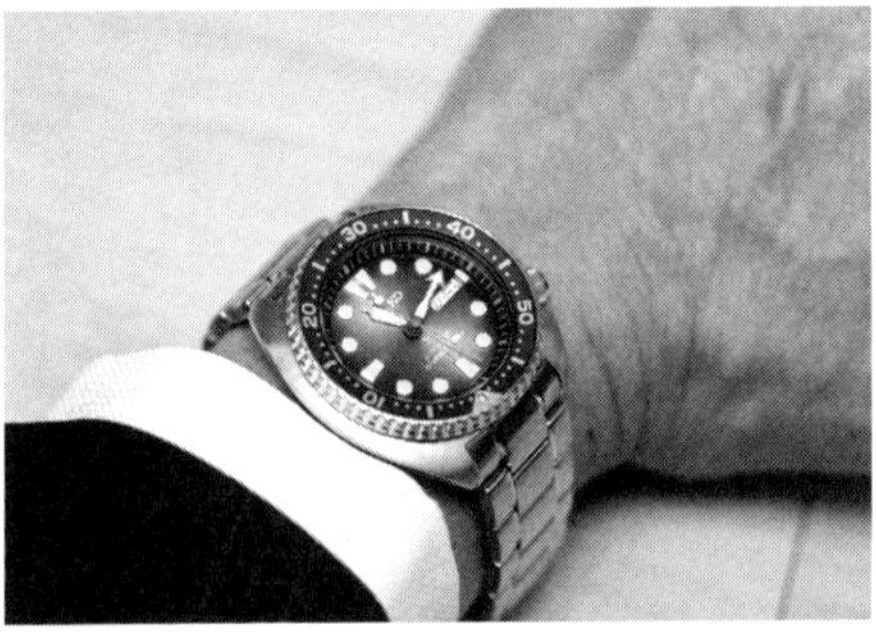
ハワード、アボット、モリソン、各首相からいただいた時計

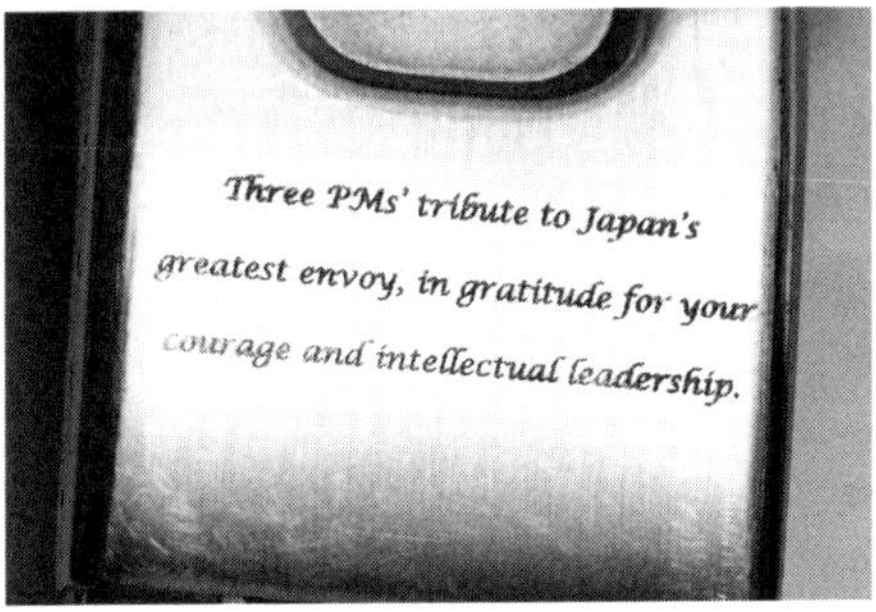
Three PMs' tribute to Japan's
greatest envoy, in gratitude for your
courage and intellectual leadership.
バンドの刻印

山上：打ち明け話をしますと、私の離任にあたっては、ジョン・ハワード、トニー・アボット、スコット・モリソンの三人の首相経験者からの連名で送別のセイコー製の腕時計をいただくという、前例のない栄誉に浴しました。スティールのバンドに、「三人の首相から日本の最も偉大な大使への贈り物。貴使の勇気と知的リーダーシップに感謝して」という謝辞が刻まれた粋な計らいでした。このプレゼントのイニシアティブをとってくれたのも、実はトニーだったのです。友達思いで熱い心をもったオージーですね。

山岡：それは最大の栄誉であり、日本外交の極みですね。素晴らしいエピソードです。

外務省に高圧電流を流せ

山岡：これまで述べてきたように、私は民間のレベルでオーストラリアの反日勢力と戦っていたのですが、その過程では当然、シドニーの総領事館にもよく相談に行っていました。当時は首席領事の方が親身に私たちの相談に乗ってくださいましたね。

当たり前の話ですが、外務省だからできること、やるべきことがあります。一方、私たちには、民間人だからできることがあります。私たちは、官側とも意思の疎通をはかりながら「官は官、民は民でそれぞれやるべきことをやる。それが結果としてシナジー（相乗効果）を生むことが望ましい」というスタンスで取り組んでいたわけです。

よく「外務省は何やっているんだ。ふざけるな！」と外務省を糾弾する人たちもいらっしゃいますし、私自身も外務省にはもっと頑張ってほしいと思っていましたが、同時に外務省と喧嘩をしてもあまり意味がないとも思っていました。やはり外務省には現地の最前線で頑張っておられる方がいらっしゃるわけですからね。むしろ官と民、お互いがそれぞれの強みを活かしてやるべきことをやり、相互補完的な形になることの方が戦略的には重要です。それが常に頭にあったので、外務省とは喧嘩をすることなく、大変良好な関係の中でいろいろと相談に乗っていただくことができましたね。

山上：山岡先生のように寛大な方がいるのは大変ありがたいと思います。ただ、外務省という組織の中にいた私の観点からいうと、やはり時には高圧電流を流さないと動かない人がいるのも間違いありません。

山岡：その点、私たちは恵まれていたのかもしれませんが、もちろん中にはそういう人たちもいるでしょうね。

山上：歴代次官の中には、「歴史問題なんて議論してもプラスになることがないんだ」「敗戦国は歴史を語る立場にないんだ」といったことを公言してはばからない人たちがいます。彼らは、歴史戦とは距離を置き、戦わないわけです。官がそんな体たらくでは、民間の方々がどれだけ頑張ったところで、勝ち目はありません。

山岡先生がおっしゃった「官と民のシナジー」は、確かに「あらまほしきもの」であり、理想形です。これができればもちろん何も文句はありません。ただ、大使館や総領事館にまともに動いてくれない外交官がいる場合には、尻を蹴ってでも「しっかり戦え。日本国の名誉が汚されてるのに、お前ら何黙ってんだよ」と言ってくれる民間人も必要です。そういう外部の人たちがいてくれて、初めて外務省という組織はうまく機能すると思います。

安倍政権もそうでしたよね。安倍政権の時になぜあれほど外務省が働いたかというと、やはり官邸から尻を叩かれたからです。放っておくと、安きに流れる外務官僚がいることは間違いありません。私は40年間働いてきて、嫌というほど身に染みていますから。大半の外交官は、歴史戦を戦おうとはしません。政府の公式見解を述べて「これが政府の立場です」と言って終わるだけです。目の前の相手と事を荒立てるのを嫌うし、頑張って反論したところで本国から弾が飛んでくることがしばしばあるからです。

それでは、ナラティブを仕掛けてくる中国や北朝鮮、韓国の左派に勝てるわけがない。相手に押し込まれてしまうだけです。その点、今お話しいただいた山岡先生の体験談は彼らに対抗するための模範的な事例だといえるでしょう。外務省もそれをひとつの教訓として学び、世界各地で同様の取り組みをしていくことが大事だと思います。

第三章

外交とメディア対策

メディア対策も外交の仕事

山岡：日本には沈黙を美徳とする文化があります。例えば、高倉健のような寡黙な男、多くを語らない男をカッコイイとする風潮などがまさにそれです。

その感覚は私も日本人としてよく理解できますが、だからといって外交の世界で沈黙されると非常に困る。自国の主張を積極的に発信するのが国際社会における外交のスタンダードですからね。

しかし、外務省には、そのように積極的に日本の主張を発信する外交官の方はなかなかいらっしゃらない。その点、オーストラリア大使として現地のメディアを積極的に活用して発信されていた山上先生は非常に稀有な存在だったと思います。

もちろん、そうした積極策は裏目に出ることだってあり得ます。揚げ足を取られたり、結果として失敗に終わったりすることもある。それが理由で炎上してしまうことだってありうる。だから、日本の外交は往々にして、できるだけ目立つようなことは言わない、相手を刺激しないというスタンスになりがちです。

換言すれば、事なかれ主義をもって良しとする傾向があります。要するに、発想が減点主義なんですよね。

よくよく考えてみれば、基本的に外務官僚というのは、間違いが少ないほど試験に合格できる日本の受験戦争を勝ち抜いてきたエリート集団です。減点や間違いをおそれずに積極的に何かをしようとする姿勢の人が少なくなるのも必然でしょう。ちなみに、これはビジネスの世界でも同じことが言えます。

日本の教育システムを通じて減点主義が社会に浸透しているので、国全体で見ても消極策に流れやすい。だから、外務省においても消極策が伝統的な対応になっているのではないかと、私などは端から見ていて思うわけです。

しかし、山上先生はオーストラリアで果敢に積極策に出て、大成功を収められました。これは、旧来の外務省のカルチャーからするとかなり異質な感じがするのですが、先生は何ゆえにそうなされたのでしょうか。

山上：外務省の先輩方でも、宇川秀幸元ブラジル大使、渡辺泰造元インドネシア大使など、対外発信に積極的な人たちは、数は少ないものの、確かにいました。だから、私からすると自分が「突然変異」だという感覚はあまりありません。むしろ、諸先輩方が築いてきたレールの上を突っ走っていたと自覚しています。

ただ、山岡先生のご指摘を受けて強調しておきたいのは、やはり外務省の人間は発想がまだまだ遅れているということです。

外務省のメディア対策は、次の2つの大きな理由から、今後ますます重要になっていくと思います。

ひとつは、外交政策は、国民の理解と支持なくしてはあり得ないということです。

いま何が起きているのか、国際情勢はどうなっているのか、それに日本政府はどう対応して、政策を講じていくのか——こうした説明を国民に対してしっかり行わないと、外交政策に対する国民の理解と支持は得られません。そして、国民の理解と支持がない外交政策ほど脆弱《ぜいじゃく》なものはない。

そう考えれば、外務省がメディアに説明し、メディアを通じて国民の理解を得るのは、外交という大きな仕事の一環だと言えます。アメリカの国務省をはじめ外国政府の人間と付き合うことだけが外交ではありません。メディアの人間と話をするのも外交だという意識が、まだまだ外務省は弱いと思います。

実は私は課長になる以前から、メディアとは積極的に付き合うようにしていました。その関係が20年30年と続いている人も少なからずいます。退官前後に三冊もの本を大手出版社から出版することができたのも、長年来の人間関係があったからでもあります。

一方、外務省の人間の中には、メディアを敵視して付き合おうとしない、必要最小限の付き

豪州大使時代を綴った『南半球便り』（文藝春秋社）より刊行中

合いしかしない人がいるのも確かです。そういう話をメディアの方たちからもよく聞かされました。

外務省では、メディアの方と食事する時には、所定の手続きをすれば一定の経費を賄ってもらえることになっています。私が課長時代の話ですが、それに関して「何でメディアの人間と食事をする時にこっちが払うんだ。情報を得るのはメディアなんだから、メディア側に払わせるべきじゃないか」と苦言を呈した上司がいました。それくらい意識が頑迷で遅れているんですよね。

我々だってメディアの方たちと会えば、政局をはじめいろんな情報をもらうことができます。人間関係も築くことができる。そこは本来ギブ・アンド・テイクなのに、役人がメディアと会う時にはメディア側だけが情報を得ていると捉えてしまっています。偏狭で時代遅れの発想です。そういう感覚の人がまだまだ外務省にはたくさんいます。「記者とは人種が違う」と言い切って憚《はばか》らない御仁もいます。こうなるとレイシストではないでしょうか？

パブリック・ディプロマシーの時代

山上：外務省のメディア対策が重要である2つ目の理由は、今がもはやパブリック・ディプロマシー（public diplomacy）の時代だということです。

外務省のホームページにある説明を借りると、パブリック・ディプロマシーとは「伝統的な政府対政府の外交とは異なり、広報や文化交流を通じて、民間とも連携しながら、外国の国民や世論に直接働きかける外交活動」のことです。日本語では「広報文化外交」や「公共外交」などと訳されています。

要するに、外交官は、外国と良好な関係を築いていくにあたって、相手国の政府や外交当局にだけ働きかければ済むわけではなくて、相手国の国民に対しても積極的に働きかける必要があるということです。

例えば、現地の日本大使館のSNSやホームページを活用してその国の人々に直接働きかけるという手段もありますが、大抵の場合、あまり興味を持ってもらえません。日本のケースで考えてみてもわかりますが、外国の大使館のSNSやホームページなどをわざわざ見ようとする日本人の方が少ないですよね。よほど魅力的なコンテンツを定期的に発信しているならともかくとして。

そうなるとやはりメディア対策、すなわち現地のテレビに出演する、新聞に寄稿する、シンクタンクで発言するといった手段がますます重要になります。

要するに、相手国のメディアに働きかけることなくして、パブリック・ディプロマシーなどできないわけです。外交当局同士による水面下のディールで外交が完結する時代は、とうの昔に終わりました。

この意識もやはり日本の外務省はまだまだ遅れています。私はそこを少しでも変えたいと思い、僭越ながら、在外の大使としてのひとつのベンチマークを設定しておきたいという気持ちがありました。

山岡：自国のメディアに対しても、他国のメディアに対しても、とにかくメディアに対する意識を高めるべきですよね。それは本当に今の外務省に欠けている要素だと思います。

パブリック・ディプロマシーで敗北した大日本帝国

山岡：パブリック・ディプロマシーに関していうと、第二次大戦において日本が対米開戦を避けられなかったのは、まさにそれで負けてしまったからだという一面も否めません。もちろん、アメリカ側がかなり前から綿密に対日参戦の計画を立てていたという要因もありますが、やはり日本側がパブリック・ディプロマシーで敗北したことが大きいと思います。

山上：おっしゃる通りですね。その背景には、中国で布教活動を行ってきたアメリカ人の宣教師たちの中国寄り姿勢もあれば、当時は貧しくて弱かった中国への同情と共感も米国社会にあったことは、ジョージ・ケナンも回想録で指摘しているところです。

ハリー・トルーマン 大統領と宋美齢（1945年8月29日）
©Everett Collection／アフロ

ルーズベルト大統領夫人エレノアと宋美齢（1943年2月） ©Universal Images Group／アフロ

山岡：有名なところでは、蒋介石の妻、宋美齢《そうびれい》がアメリカ全土を駆け巡り、日本がいかに悪であるかを流暢《りゅうちょう》な英語の演説で訴え、アメリカ世論を親中反日に導きました。

一方、日本は、それに対する有効なカウンター・ナラティブを用意できなかった。というより、その頃には、世界に向けて日本のナラティブを英語で発信しようという発想すらなかったのかもしれません。

日本も日露戦争の前には、ハーバード大学ロースクールで学んだ金子堅太郎を渡米させて、日本に有利な国際世論を形成することに成功した実績があります。

この頃の日本には、戦争をする以前に、いかに国際世論を味方につけて、自国が孤立の道を歩まないようにするかという現実的な発想、今日でいうところのパブリック・ディプロマシー的な発想がありました。

ハーバード大学在学中の金子堅太郎（中央）

その成功体験がありながら、なぜその後、パブリック・ディプロマシーを補強していかなかったのか。なぜ歴史に学ばなかったのか。私は不思議に思うと同時に、危惧すら覚えます。

山上：実は日露戦争後にポーツマス条約を締結した時点で、すでにそうした兆候が現れています。

ポーツマスの講和会議において、ロシアの全権代表であるセルゲイ・ウィッテはアメリカのメディアに盛んに働きかけてアメリカ世論を味方につけることに成功しました。

また、アメリカ以外の有力な第三国、すなわちイギリスやフランス、イタリアのジャーナリストにも愛想よく振る舞って食事に招くなど、国際世論を親ロシアに導くために、戦略的にメディア工作を仕掛けています。

それに対して、日本の全権代表の小村寿太郎は、アメリカのメディアを軽視するような態度をとった上に、戦費賠償の支払いと樺太の割譲に固執してしまい、日露戦争前に金子堅太郎らが築いてきた親日ムードを冷めさせてしまいました。ポーツマスに取材に来た新聞記者に対し「吾々はポーツマスへ新聞の種をつくらんが為に来りしにはあらず、談判を為さんが為なり」と答えて記者たちの怒りを買ったというエピソードも伝えられています。

小村寿太郎

私は、小村寿太郎のことを、外交官としては非常に骨のある優秀な人物だったと評価しています。しかし、宣伝工作、特にメディアへの働きかけという点では、ウィッテの方が一枚も二枚も上手だったと言わざるを得ません。

こうした史実を踏まえると、日本人の口下手、宣伝下手、とりわけメディアに対する工作の稚拙さは、ここ100年以上変わってないわけです。

だから、せめて自分たちの不得意な分野を自覚して、

ロシア全権大使セルゲイ・ウィッテ（1905年）

「下手クソだからこそ、そこを何とか改善しなきゃいけない」という危機感を持たないと、日本外交は変わらないと思います。

山岡：ちょっと遅すぎる感じもしますが、それでもメディア対策に本気で取り組み始めないことには何も変わらないわけですからね。

山上：待ったなしですね。日本製鉄によるＵＳスティール買収が反発を招いている有り様を見るにつけ、日本政府だけにとどまらない官民の枠を越えた弱点なのです。

反論よりも「立論」

山岡：前章で述べた通り、私はオーストラリアで微々たる民間外交を試みたわけですが、その際にモットーとしていたのは、「反論よりも立論」という考え方でした。

ここで言う立論とは、「相手がその問題についてどう考えているか、どう認識・理解しているかとは無関係に、自分の考え・認識・理解をまずは打ち立てる」ということです。

例えば、慰安婦問題の場合だと、一次資料に基づき、そもそも慰安婦制度とはどういうもので、性奴隷の定義はこうで、日本政府としてなぜ、どういう立場からそれを否定しているのかを明確に立論します。その上で、なぜ韓国側に謝罪したのか、お金を払ったのかまで矛盾なく説明できなくてはなりません。

反論と何が違うかというと、反論の場合は、相手が言ってくることに対して反駁《はんばく》していく形です。それでは、これまで何度も述べてきた通り、受身や守りの姿勢となり、劣位戦の議論に陥りやすくなってしまいます。

本来、反論というものは立論があって初めて成り立つものです。立論とは自分の考えであり、相手がどう思っているか、同意するかしないかは関係ありません。相手のことはひとまず横に置き、自分が何を見て、どう考えているかを第一義とするわけです。

一個人として自立・独立した人間であれば、まず自分の考えをちゃんと述べるところから始めなければなりません。

その上で、必要に応じて議論し、時には反論し、妥協すべき点があれば妥協する。合意しないことに合意することもありうる。お互いの意見の違いを認め合う——私がメディアのインタビューを受けた時にも、単純に反論するのではなく、常にこの立論を意識していました。あるいは、立論自体が有効な反論になる場合もあります。
ところが、日本人の場合、まずは相手の顔色をうかがうことから始まります。相手がどう思っているか、相手がどう感じるか、相手がどう反応するかが最優先になってしまっています。自分自身がどう考え、どうあるべきか、どうありたいかよりも、相手のリアクションによって他律的に自分のあり方を決めてしまう。だから、立論ができない。これは日本人の宿痾《しゅくあ》と言えるでしょう。

山上：先ほど山岡先生も指摘されましたが、それには日本の学校教育の問題も関わっていると思います。

日本の学校教育では、受験に役立つための勉強、すなわち、大量の情報を吸収・咀嚼《そしゃく》・理解・暗記した上で、答案用紙に過不足なく整理して書き出す訓練を繰り返し受けます。ところが、自分の立場や主張を口頭でプレゼンテーション（説明）する訓練はまったくと言っていいほど受けていません。そもそも、教える側にその素養や経験もない。

だから、日本人には、人前に出て説得力のある主張を展開する能力、山岡先生がおっしゃるところの「立論」の柱となる能力が、世界標準で見ると圧倒的に欠けています。これは日本の構造的な問題であり、日本の教育の最大の弱点だと思います。今こそ変えていかなければなりません。

黙っていれば**相手**の**主張**だけが**メディア**に**載る**

山上：山岡先生も海外のメディアからよく取材を受けられたんですよね。

山岡：はい。私が最初にインタビューを受けたオーストラリアのメディアは、「シドニー・モーニングヘラルド」（オーストラリアの有力紙）でした。

そもそものきっかけは、彼らの取材を受ける前に、慰安婦像設置を阻止しようとする私たちの活動や主張が紙面に掲載されたことです。その内容が反日勢力のインプットに基づくもので、ものすごく偏っていました。

そこで、私が記者にコンタクトを取り、こちら側の言い分も述べたい旨を申し出たわけです。向こうは「おっ、日本人の団体が自分から連絡して来たぞ！　珍しい！」と驚いていましたね（笑）。でも、非常に喜んでくれて、私にたくさん質問してきました。

例えばこんな質問です。

「ユダヤ人の団体が『ホロコーストが記憶されるのと同じように、慰安婦の問題が記憶されてもいいじゃないか。オーストラリアの国民は十分に成熟しているから、それによって日本人の住民を攻撃するようなことはないと思う』と言っているが、あなたはどう思うか」

私はすぐさまこう答えました。

「そもそも、その意見を述べたユダヤ人団体が慰安婦問題について正確に理解している保証は何もない。これは他のユダヤ人識者も明言しているが、ナチスによるユダヤ人のホロコーストと慰安婦問題はまったく次元の異なることだから、そのような観点で議論すること自体間違っている。また、オーストラリア人の国民が十分に成熟しているという保証はどこにあるのか。慰安婦像が原因で、もし日系住民に対する被害が生じた時、いったい誰が責任を取るのか。そのユダヤ人団体は責任を取れないだろうし、あなたも取れないだろう。憶測で物事を言うのは危険だし、言うべきではない」

こういう場合にはできるだけ多くの情報を提供することも重要なので、韓国人学者が書いた文章なども資料としてその記者に送りました。

後日、私のインタビューをもとに大きな記事が出ました。私の主張が完全には伝わっていなかったものの、それでも一方的だった状況をイーブンくらいまでには押し返すことができた印象でしたね。

山上：そこでこちらが黙っていると、相手側の主張だけがメディアに載って拡散されていくだけです。日本人的な発想では「事を荒立てず」「わかってくれる人はわかってくれる」というスタンスで沈黙しがちですが、それではせっかくの「広報機会」を逃してしまうことになる。

両論を併記することが客観的公平性を売り物にしているメディアの大前提ですから、日本批判派の言説がメディアで報じられたということは、実は日本側の言説をアンチテーゼとして提示する絶好のチャンスでもあります。

そうしたチャンスを逃してしまうのが日本外交の最大の弱点のひとつなのですが、その点、山岡先生は「広報機会」を活かした、非常に有効な〝反撃〟をされましたね。

反論で大切なのは即時性

山岡：メディアのインタビューで一番印象に残っているのは、ABCテレビ（オーストラリアの国営放送）の取材です。

その時、私は日本にいたので、取材は日本で行われました。向こうが指定してきた場所は、外国人が大好きな渋谷のスクランブル交差点の前でした。だから、渋谷駅前で約1時間、立ったまま激論を交わしました。

相手の女性インタビュアーは、最初こそフレンドリーでしたが、いざカメラが回るとものすごく攻撃的に突っ込んできました。

「安倍首相は日韓合意で謝ってお金を払ったのですから、慰安婦の強制連行が事実だということは議論の余地がないでしょう。政府が謝ったのに、なぜあなたは慰安婦像の設置に反対しているのですか」

完全に非難する口調です。後で気がついたのですが、彼女は左がかった記事ばかり書く記者でした。おそらくは「慰安婦像反対などというふざけたことを言っているこの民族派右翼の日本人をギャフンと言わせて、カメラの前で恥をかかせてやろう」という思惑だったのでしょう。

日本のメディアのインタビューではまずお目にかかれない、ものすごい剣幕でしたね。

私は「安倍首相は、あくまでも女性たちの境遇について同情の意を示しただけで、強制連行や性奴隷にしたということを認めているわけではない」と反論しました。その後のやり取りはおおよそ次のようなものです。

彼女「私たちオーストラリア人は、そんな像が建ったくらいで反日的な行動に出たり、日本人をいじめたりする民族ではない」

私「オーストラリア人の話はしていない。慰安婦像を作っているのは韓国人であり、明らかに政治的な意図をもってそれをしている。あなたは挺対協がどういうグループか知っているのか。北朝鮮と直結していて、身内に逮捕者まで出ている。さらに、アメリカでは慰安婦像の隣で安倍首相の顔にカギ十字を落書きした写真を掲げるなど、極めて侮辱的・暴力的な反日活動をやりまくっている。そんなことをオーストラリアのコミュニティで許してよいわけがないだろう」

彼女「確かに活動家たちは問題かもしれないが、像そのものには罪はないだろう。少女の像自体には、なんら政治的な意味が込められているとは思えない」

私「それは違う。いかなるオブジェクト、創造物もそれを作った人間の意思から自由でいることはあり得ない。だから、たとえその像自体が、普通の少女の姿をしていても、それを作った人間の意図から自由でいることはできない。像が反日的な活動、反日的なプロパガンダのシンボルになっているのは、韓国やアメリカを見れば自明だろう。像とその目的を切り離すことはできない」

このような応酬を渋谷駅の前で1時間くらい続けていました。最後には、横で見ていたABCのスタッフが「こんなに真っ向から反論してきた日本人には会ったことがない」と言っていましたね。結局、彼女は私を論破することはできませんでしたが、最後にはプロフェッショナルな態度で失礼な言動は一切せず、「ありがとう」と言ってくれました。ただ、表情は引きつっていて、非常に悔しそうでしたが。

山上：山岡先生のように、インタビュアーから何を言われてもすぐに反論できる力を持つことは、海千山千の海外メディアから取材を受ける際に本当に重要だと思います。私も大使時代には物理的に可能な限り、豪州メディアの取材リクエストに応じ、日本の立場の丁寧な説明に鋭意努めていました。当時痛感したのは、やはり相手の質問に咄嗟《とっさ》に返答できる反射神経、スピード感覚、機転が必要だということです。

山岡：特に海外の人と議論する時には即時性が重要ですよね。何か言われたらすぐにその場で言い返す。その場で的確に反論し、会話のペースをつかむ。その際、やはり「自分の考えの体系」である立論がなければ、有効な反論はできません。

これは日本人が最も苦手な分野です。というのも、日本人は慎重なので、じっくり調べてからでないと、反論する気持ちにもなれない。その気持ちは十分に理解できますが、学術的研究と情報戦は、表裏一体ながらも、実は別物です。その点をしっかりと認識しなければいけません。ようするに、学術的研究と情報戦、それぞれに対応する能力を身に付けておく必要があるということです。

反日勢力は常に学術を装ったプロパガンダを仕掛けてきます。それに対抗するには、きっちりとした学術的検証が必要ですが、情報戦の側面からは、完璧を期して反論が遅れてしまうと意味がなくなってしまいます。もし私がABCテレビのインタビューでろくに反論せずに黙っていたらどうなっていたでしょうか。「日本人は言い返せなかった。やっぱり韓国側の主張の方が正しいんだ」という〝印象〟を視聴者に与える結果になったであろうことは想像に難くありません。

完璧な反論でなくても、ひとまず相手の主張の信頼性を突き崩してしまうことが大切です。その上で「今後さらに調査を進め、明らかになったことを発表していく」と言っておけばいい。一般人は詳細な事実ではなく、印象で判断しています。だからこそ、黙って下を向いていると、それだけで負けた印象を持たれてしまいます。すぐに反論して「韓国側の主張には信頼性がないな」「日本側の主張の方が筋は通っている」という印象を幅広く浸透させていく必要があるわけです。

そもそも、慰安婦の強制連行をめぐる議論は、一部の学者の努力により、日本国内では1990年代の時点で決着がついています。つまり、学問的研究では勝利しているのに、海外でのプロパガンダ拡散には何の手も打てず、惨憺《さんたん》たる結果を招いて今日にいたっています。これは絶対に克服しなくてはいけない日本人の〝弱点〟です。

積極策を外務省のデフォルトに

山岡：ABCテレビのインタビューは、前述の通り、渋谷駅前で一時間ほど女性記者と激論を交わしたのですが、実際に放送されたのは1分程度でした。当時の私は「ＡＢＣだからオーストラリア国内で放送されるだけだろう」程度の認識だったのですが、よくよく考えればインターネットがある。結局、私のインタビューはネットを通じて世界中に発信されてしまいました。そこからある意味諦めて、顔出しで活動するようになりました。それまでは、民間人だからあまり顔出しはしないでおこうというスタンスだったのですが、今から思うと考えが甘かったですね。

もうひとつ、当時考えが及ばなかったことと言えば、インタビューの全容をこちら側から世界に発信しなかったことです。

実は当時、私のアシスタント役をしてくれていた人がインタビューの様子をＡＢＣのテレビカメラとは別に撮影していました。本来なら、その映像を、ＡＢＣのテレビ放送に合わせてネットにアップするべきでした。そうすれば、放送では大幅にカットされていた、すべての論点が明らかになったのに。当時はそこまでの情報戦の発想もなく、ただ単純に「受けて立ってやる」という感覚でインタビューに答えていましたね。

一方、放送後にはそれなりに反響もあり、ロイターなどいろいろなメディアからインタビューのリクエストがきました。私はそれまでの経験を踏まえて、自分たちの立場をきちんと説明したプレスリリースを英語で書き、「まずこちらをお読みください。その上でインタビューを受けましょう」とメディア側に送るようにしました。

山上：事前に立論して、自分たちの土俵を設定しておいたわけですね。

山岡：おっしゃる通りです。プレスリリースを読んだロイターはかなり丁寧に取材してくれて、こちら側の主張を半分以上は載せてくれました。

もちろん、中には私たちを一方的に悪者扱いするひどいメディアもありましたが、逆にプレスリリースをほぼそのまま載せていたメディアもありましたね。あるテレビ局からは出演依頼も来たのですが、結局上層部の許可が下りなかったようです。日本人に自由に反論されることを避けたかったのか、あるいは反日団体側の出演が取り付けられなかったのか、詳細はわかりません。

いやがらせのメールも何通か来ましたが、反対に「日本側の言うこともわかる」「あなたの説明は非常によかった」という応援の手紙もいただきました。

慰安婦問題は韓国側の国際的なロビー活動が奏功しているため、多くの欧米人が先のABCテレビの女性記者のように、内心では「日本の首相も謝ったしお金も払っているのだから、絶対日本は悪いことをしている」というイメージを抱いているはずです。しかし、私のインタビューを見て「確かに日本の言い分もわかる」と思ってくれた欧米人も少なからずいたわけです。

私のような民間人でも、そうやってある程度押し返すことができたのだから、日本の政治家や外務省のプロの外交官にそれができないわけがありません。必要なのは、しっかりとした立論と、それに基づく明確なロジックと、相手に何かを言われたらその場で言い返す即時性です。立論をもとに、躊躇《ちゅうちょ》なく、怖じ気づくこともなく、堂々と論陣を張ることが大切です。感情的になって無礼な言葉をぶつけるのではなく、あくまでも冷静に、理論的に即時対応する。そうすると、相手も耳を傾けてみようという気になります。その相手が利害関係のない第三者ならなおさらです。要は、こちら側の姿勢、気構えの問題ですよね。

山上先生は、大使という立場で、現役の頃はもちろん、退官後もそれをやってくださっています。それは本当にものすごく画期的なことです。それが外務省の本来の形、デフォルト・スタンダードになってほしいと思います。山上先生の「ファイン・プレー」で終わらせてほしくないですね。

外務省はリスク回避で貴重な広報機会を逃している

山上：私が心配しているのは、今の外務省の幹部たちが、海外メディアはおろか国内メディアに対しても、インタビューや寄稿に尻込みしていることです。要は、失敗や問題発言を恐れて、外に打って出て行かないのです。有名雑誌編集者から聞いた話ですが、森健良前外務次官をはじめとする現在の外務省本省幹部は、在外の大使が寄稿や対談への参加の許可を求めると、極めて消極的に対応するため、多くの企画が頓挫したり、遅れたりするそうです。「政治主導」の時代だから、政治家を差し置いて官僚の発言が注目を集め、批判されるようなことは避けたいのでしょう。何とも臆病で腰の引けた対応です。これぞ危険を極力回避しようとする性向の表れであり、国益を担った知的作業を怠る怯懦《きょうだ》だと思います。

　先にも述べた通り、強力な外交を展開する上で必要なのは、国民の理解と支持です。メディア対応にそのような消極的な姿勢では、国民の理解と支持を確保できるわけがありません。それに、国内メディア相手の日本語のインタビューにすら慣れていない外交官が、海千山千の海外メディアからの機関銃のような英語の質問に対応できるわけがない。ということは、国内発信も対外発信もままならず、非常に貴重な広報機会を逃してしまうことにもつながります。

　もちろん、外務省にも在外公館に赴く大使や総領事に対して海外メディアへの対応をトレーニングする研修はあるのですが、最近ではその受講者が減っていると聞きました。自ら打って出る積極策に対する意識の低さの表れだとすると、非常に嘆かわしいことです。ちなみに、米国メディアの東京支局長を務めていた講師がその研修で使っているのは、私がキャンベラ時代に行ったインタビューの録画だそうです。嬉しくもありますが、そんな程度のレベルで収まっているようでは情けないという気持ちも強くします。

山岡：積極策にはリスクがつきものですが、同時に積極策でなければ得られない成果があることも間違いありません。特に相手との関係を築いていく上では、「逃げない」という姿勢は本当に大事ですよね。

私の場合、慰安婦像設置に反対する活動をしていたことからよく海外メディアに「右翼・民族主義者の日本人」と誤解されて取材されたのですが、真正面から逃げずに議論していくうちに、相手と良好な関係を築いたことが幾度となくあります。

ロイターの記者も最初、私のことを右翼的・民族主義的な日本人だと思い込んで取材に来たのですが、話し込んでいるうちに「あれ、この人、全然右翼じゃないぞ」という雰囲気になり、どんどん態度が軟化していきました。

SBS（オーストラリアの公共放送局）の女性記者との取材も印象的でしたね。彼女も最初は私のことを右翼的な人間だと思っていたようですが、取材を通じて非常に打ち解けて、慰安婦問題とは全然関係のない、ポリコレに関する話などもしました。その際、彼女が私に、ポリコレの影響で近年「メリークリスマス」と言わなくなった（非キリスト教徒への配慮から言いにくい空気になった）ことや、オーストラリア建国の過程で白人がアボリジニーを虐殺した過去からオーストラリア・デイ（毎年1月26日の建国記念日）を祝うのを問題視する議論があることについて、どう思うかと聞いてきました。だから、私は「ポリコレ派の言い分も理解できるけれど、キリスト教的な伝統も間違いなくオーストラリアの歴史と文化の一部だ。それは強制するものでもなければ、否定するものでもないでしょう。だから、私は喜んであなたにクリスマスカードを贈りますよ」と答えました。すると、彼女も納得してくれて、最終的には非常にフレンドリーになりました。ちなみに、前述のテレビ出演の話を持ち掛けられたのも彼女からです。

メッセージごとにメディアを使い分ける

山上：メディアに関して、私が大使時代から今にいたるまで気を付けているのは、状況によってメディアを使い分けるということですね。

やはりどこの国のメディアも、訴求対象に向けて、自分たちが訴えたいメッセージをまず打ち出します。また、各メディアによって、それぞれ独自の政治的な立ち位置と、関心を持っている問題がある。その全体の構図をしっかりとまず頭の中に叩き込んで、発信するメッセージに応じてメディアを使い分けること、すなわち適切なチャンネルを適時適切に使うことを心がけてきました。これは相当高度な作業です。「下手な鉄砲も数打ちゃ当たる」という世界ではありませんからね。

つい最近も、オーストラリアの緑の党の中で日本へのガス輸出を止めようという動きがあることを受けて、豪州メディアのインタビューを受けることがありました。日本が輸入している天然ガスの4割が豪州産であり、実際にそんなことが起きたら日本経済が大変なことになるから、あらかじめ予防線を張っておこうとしたわけです。後任の駐豪大使がメディア対応に消極的であるため、私にお鉢が回ってきた面もあります。

インタビューを受けた媒体は「オーストラリアン・フィナンシャル・レビュー（AFR）」というオーストラリアを代表する経済紙です。政治的立ち位置としては中道よりやや左寄りですが、豪州の財界人が必ず読んでいる高級紙なので、この手の問題を議論するには最も適していると思いました。同紙で私が発したメッセージは「緑の党が要求しているように輸出ガスが国内市場に向けられた場合、日本は経済的にも戦略的にも弱体化し、信頼できるエネルギー供給国としてのオーストラリアの評判は打ち砕かれるだろう」という内容です（同紙2024年8月7日付記事）。

このように、議論するトピック、それから自分が主張したいメッセージに応じて媒体を適時適切に選んでいくことは、外交の一環として非常に重要です。今後、各地の日本大使館にはぜひやってもらいたい。

山岡：私の場合はとりあえず「受けて立つぞ」という気持ちでインタビューを受けたわけですが、本来そこまで戦略的に考えてメディアに発信するのが、プロフェッショナルである職業外交官のスタンダードですよね。それをぜひ外務省のデフォルトにしてほしいと思います。そうでないと、我々が民間レベルで必死に外交活動をしたところで、多勢に無勢《ぶぜい》になってしまいますから。

日頃からのメディアとの付き合いも大事

山上：もうひとつ私が気を付けてきたのは、やはりメディアとの関係の構築ですね。自分たちが必要なときだけメディアに頼っているという自己中心的な印象を相手に与えないようにしないといけません。ところが、外務省の人たちは、都合のいいときだけメディアを使っているという印象を与えてしまうことが多い。

特に大使は任国のメディアとこのギブ・アンド・テイクの関係をつくっていくことが在外公館として大事だと思います。日頃から大使公邸に呼んで夕食を共にしたり、レセプションに招待したりして人間関係を築いておくことで「おかしな日本批判の記事が出ているから、ちょっとこちらからも反論させてほしいんだけど」といった類の頼みごともしやすくなりますからね。

山岡：そういう信頼関係ができていると、メディア側からも取材依頼が来るようになりますよね。「この問題は日本大使に聞いてみよう」と海外メディアから頼りにされるというのは、日本の外交にとって大きなプラスだと思います。

山上：おっしゃる通り、向こうからリクエストが来ますね。先にも少し述べましたが、私はメディアからの取材のリクエストを受けるたびに原則すべて応じるようにしていました。ただ、よほどタチが悪いケース、例えば、子供の連れ去り問題に関して日本を執拗に批判することが目的化しているような記者が一人いたのですが、さすがに多くの豪州人のアドバイスもあり、彼のインタビューだけは受けなかったですけどね。もちろん、日本の立場については別途説明を尽くすようにしました。

メディアからの取材リクエストを積極的に受け入れていると「今度の日本大使はインタビューを断らない」「逃げない大使だ」という評判がメディア関係者の間で広がり、さらなるリクエストが来るようになります。すると、メディアとの関係が幾何級数的に広がっていくんですよね。当時はその様子が本当に手に取るようにわかって、やり甲斐があり面白かったですね。おかげで、中国側が何かを言ってきた時には、豪州メディアがすぐに私にコメントを求めに来てくれるようになったので、〝反撃〟のチャンスに恵まれていました。ある有力在留邦人からは、

「民間企業であれば多額の広報費を払わなければメッセージの発出ができないことを考えれば、莫大な価値がある」と励まされました。

日本人が不得意な英語で日本サゲの発信をし続ける「朝日新聞」

山岡：メディアと良好な関係を構築することは非常に重要ですが、一方で「タチの悪いメディア」とは時に戦う必要もあります。私の場合、過去に慰安婦をめぐる「誤報」問題で「朝日新聞」と戦ったことがありました。

そもそも、「慰安婦＝日本軍によって強制連行され性奴隷にされた朝鮮半島の女性たち」という見方が世に広まった原因は、1983（昭和58）年に吉田清治という詐話師《さわし》の活動家が『私の戦争犯罪』（三一書房）という本を出版し、日本軍の命令で韓国の済州島で大勢の女性を狩りだしたと証言したことにあります。その内容は結局、彼による捏造だったわけですが、朝日新聞がそれを事実であるかのように大々的に報道したことで、日本や韓国の世論、さらには国際社会にも大きな影響を与えることになりました。

山上：吉田の著述については、済州島の地元紙の「済州新聞」が「島民たちが『でたらめだ』

と一蹴し、著述の信憑《しんぴょう》性に対して強く疑問を投げかけている」「郷土史家が『この本は日本人の悪徳ぶりを示す軽薄な商魂の産物と思われる』と憤慨している」とまで報じていたそうですね（秦郁彦著『慰安婦と戦場の性』新潮選書）。にもかかわらず、その言説は国際メディアの関心を集めて、燎原の火のように広がり、国連の場にも持ち込まれました。

1996年にはこの問題を扱った「クマラスワミ報告書」が国連人権委員会に提出され、その中では「日本帝国陸軍が作った慰安所制度は国際法に違反する」「日本の性奴隷にされた被害者個々人に補償金を支払う」「慰安婦の募集と慰安所の設置にあたった犯罪者の追及と処罰を可能な限り行う」といった報告まで盛り込まれてしまいました。

山岡：まったくもってとんでもない話ですよね。その後、複数の研究者により『私の戦争犯罪』の内容が完全に誤りであったことが証明されると、ようやく朝日新聞も2014（平成26）年8月5日・6日付の記事で、事実関係の誤りを認めました。のちに公式に謝罪もしています。

朝日新聞はこれを機に、日本語版では「慰安婦＝性奴隷」という発信はしなくなったのですが、実は英語版の方では相変わらず「慰安婦＝性奴隷」と誤解させるような発信を続けていました。と言っても、露骨に「sex slave（性奴隷）」と書くようなことはしません。「comfort women（慰安婦）」について説明する際に「forced to provide sex to Japanese soldiers（日本軍兵士のために性行為を強制された）」という定型句をセットにして、「慰安婦＝性奴隷」を印象づける表現を使い続けているのです。

山上：問題は、それを英語圏の人たちがどう理解するかですよね。その後、徴用工をめぐるいわゆる「強制労働」についても、同じような問題に逢着したことを思い出しました。

山岡：「forced」は「物理的な力をもって強制された」という意味を持ちます。だから、「forced to provide sex」は、ネイティブスピーカーからすると「女性側には断る余地はなく、物理的な強制によって性行為を余儀なくされた」という印象を受ける表現です。

「sex slave（性奴隷）」という言葉そのものは使わなくなっても、結局はそれに近い表現、すなわち「性奴隷」を想起させる表現を使い続けているわけですから、「印象操作」と言われても仕方ありません。

これはおかしいということで、私は朝日新聞の本社に乗り込んで苦情を言いに行きました。2018年のことです。事前に「朝日新聞の英語表現変更」を求める賛同者1万人以上の署名を集めてから乗り込んだので、さすがに朝日新聞側も無視できませんでした。

ただ、ここでも日本人の英語力の問題にぶつかりましたね。やはり日本人は基本的に英語ができない。受験でがんばって英語を勉強し、偏差値の高い大学に合格しても、大半の人はそこがピークとなり、大学を卒業する頃には英語力が大幅に低下してしまっています。

だから、当初、私が英語表現の問題を指摘しても、みんな全然ピンとこなかったんですよ。「この表現は絶対おかしい」と突っ込んでも、みんな「そうなんですか？」という感じのリアクションで、まったく話にならない。そこで、ケント・ギルバートさん（米カリフォルニア州弁護士）に協力をお願いして朝日新聞の英語記事を読んでもらい、ネイティブスピーカーの口から「これは確かにおかしい」と指摘してもらいました。それでようやく反応してくれるようになった。非ネイティブの私に言われても信用できないけれど、アメリカ人の弁護士が言うならそうなんだろうって（笑）。

山上：日本人の英語力が低いという問題は外交のさまざまな局面でマイナスの影響を及ぼしています。「ぺらぺら話すよりも話す内容の方が重要」などと開き直る人が少なくないこともあって一般的にはあまり注目されていませんが、実はかなり深刻な問題だと思います。「たかが英語、されど英語」です。

他のメディアも食いついた「朝日新聞メタタグ事件」

山岡：朝日新聞デジタル英語版2018年8月15日付の記事には〈Comfort women refers to those who were forced to provide sex to wartime Japanese troops. Many were from the Korean

Peninsula, a Japanese colony from 1910 to 1945.（慰安婦とは、戦時中の日本軍に性的行為を強制された女性たちを指す。その多くは1910年から1945年まで日本の植民地であった朝鮮半島出身者だった）〉という文章がありました。

確かにここには「拉致した」や「性奴隷にした」という言葉は出てきていません。しかし、〈forced to provide sex to wartime Japanese troops.〉に続けて〈Many were from the Korean Peninsula, a Japanese colony〉と書けば、あたかも統治者である日本が植民地の朝鮮半島で軍隊を使って強制的に女性たちを慰安婦にし、性を提供させていたかのような印象を与えてしまいます。

そもそも、慰安婦は当時法的に認められた職業です。多くの慰安婦が仕事として娼館に勤め、対価として賃金を得ていました。客を断る自由もありました。確かに、給与が軍票（占領地・駐留地で軍が通貨の代用として使用した手形）だったために、後から価値がなくなってしまったケースもあったでしょうが、慰安婦の女性たちは、強制的に建物に監禁されて自由を与えられず、無償労働をさせられ、奴隷のような扱いを受けていたわけではない。そうした実態が朝日新聞の〈forced to provide sex〉という表現では、まったく伝わりません。朝日新聞側は「強制連行や性奴隷だと明言するものではない」と主張していますが、『『無理やり性交渉を行った』としているけれど『強姦』とは言っていない」と言っているようなものであり、極めておかしな表現です。

しかもこの表現は受動態になっていますから、「じゃあいったい〝誰が〟女性たちの意に反した性行為を強要したのか」という話になります。英文であれば本来「forced to provide sex by ……」と続くのですが、朝日新聞の表現には強制の主体者は書かれておらず、誰が強制したのかはわかりません。あえてボカしているんでしょう。

山上：十分に考えられますね。話をうかがっていると、広島の原爆慰霊碑に刻まれた「過ちは繰り返しませんから」というくだり、すなわち誰が犯した「過ち」なのか曖昧模糊としたところを想起させられました。

山岡：加えて、後半に「慰安婦の多くは朝鮮半島出身者だった」とありますが、これも虚偽です。慰安婦の多くは日本人女性でした。吉田証言の誤りを正式に認め、読者に謝罪した後も、まだ朝日新聞は嘘を重ねているのです。

当時、朝日新聞とは合計7回書簡を交換したのですが、この種の我々の指摘に対して朝日側からまともな回答が得られたことは結局一度たりともありませんでした。

それどころか、新たな問題まで発覚します。

そもそも、私が朝日新聞の英語表現を問題視してきたのは、海外に広まった慰安婦「強制連行」や「性奴隷」という虚偽が払拭されていなかったからに他なりません。日本の国益が害されていることに加えて、在外邦人の方々は自分たちの住むコミュニティに慰安婦の像や碑が建つことで、日本人としての尊厳を傷つけられている〝実害〟を被っているのです。

そこで、私たちが、英語表現の変更だけでなく「吉田証言が虚偽であり、記事を撤回した事実を改めて英文で告知してほしい」と申し入れたところ、朝日新聞側からは「2014年8月5日付記事の英語版は現在もサイトで全文閲覧可能だから改めて告知する必要はない」という回答が来ました。

しかし、その記事をグーグルなどで検索してもまったく出てきません。ケントさんが記事の英文タイトルや文中の文言を入れて検索してもヒットしない。朝日新聞の回答に記載されているURLを直接入力すれば、確かにその記事は閲覧できるので、ページ自体は存在しています。

そんなことがあり得るのかと、ケントさんがSNSやネット番組で指摘したところ、複数の視聴者が当該ページのソースコード（プログラミング言語で書かれたテキスト）を調べてくれました。すると、とんでもない事実が明らかになります。

なんと朝日新聞は、「吉田証言撤回」記事のページが検索エンジンにヒットしないよう「検索回避用のメタタグ」を記載するという細工を施していたのです。

メタタグというのは、検索エンジンやブラウザなどに対してウェブページの情報を伝えるためのもので、「指定したキーワードでこのページを検出してください」「SNSに引用する際にはこの画像を一緒に表示してください」などのプログラム上の命令を出す機能があります。通常の閲覧者の目に触れることはありませんが、ページのソースコードを表示することでその中身を確認することができます。

要は、グーグルなどのサーチエンジンによって検索されないようにするためのコマンドが「吉田証言撤回」記事のページに埋め込まれていたわけですから、ケントさんが記事をいくら検索してもヒットしなかったのも当然です。非公開と同じ状態だからです。

しかも、この「吉田証言撤回」記事に加えてもう1本、2014年8月22日付記事〈Confusion with 'volunteer corps': Insufficient research at that time led to comfort women and volunteer corps seen as the same（挺身隊との混同　当時は研究が乏しく慰安婦と挺身隊は同一視された）〉にも同様のメタタグが埋め込まれていることがわかりました。こちらの記事も、吉田証言撤回と同じくらい、朝日新聞の慰安婦報道問題の根幹をなす重要な内容です。

この事実を指摘すると、朝日新聞側は単なる「作業ミス」だと言い張りました。しかし、朝日新聞の誤りを認める最重要の記事2本のみに検索回避のメタタグが埋め込まれていたというのは、明らかにおかしい。英語圏の人たちに、自分たちの「誤報」の事実を伝えないようにしていたとしか思えません。

この「朝日新聞メタタグ事件」が発覚すると、それまで沈黙していた日本のメディアも私のところに取材に来るようになりました。

当時、私はあるメディアの方に「英語表現の問題ではまったく食いつかなかったのに、なぜ急に熱心になられたんですか」と尋ねてみました。すると、その方は「だって、英語の話だとよくわからないじゃないですか。だけどタグの話だったら、もう白黒はっきりしている」って言っていましたね（笑）。

この問題についてはケント・ギルバートさんとの共著『日本を貶め続ける朝日新聞との対決全記録』（飛鳥新社）に詳しく書いたので、これ以上は割愛しますが、日本の左傾メディアの場合は、このように一般の日本人の気づかないところで一生懸命、世界に「汚染水」をたれ流すようなことをしています。本当に姑息です。

閉ざされた言語空間を叩き壊す

山岡：私はこうして「朝日新聞」と激しく戦ったわけですが、本来メディアは敵にも味方にもなりえます。山上先生も時としてメディアと英語でやり合うこともある一方で、積極的に人間関係を築いて、味方にもされていました。その場限りの対応や付き合い方ではなく、非常に戦略的なメディア対策を展開されていた印象です。

山上：とは言え、あまりメディアに期待し過ぎてはいけないとも思っていました。やはりどの国のメディアにも、許容できる言語空間があります。

つまり、どの国にもその国なりのタブーがあるというか、あまり正面から論じたくないような問題がある。オーストラリアでも、やはり一定の問題については言語空間が閉ざされているのは間違いありません。

今日のオーストラリアの場合、労働党政権が中国との関係を改善したい気持ちが強いこともあって、例えば中国に対する厳しい発言には、ものすごいブレーキがかかります。だから、日豪関係を進展させていくための発信をする際にも、そういったポイントには常に注意を払い続けなければいけません。

ただ、一方で私は、既存のオーストラリアの閉ざされた言語空間を一度叩き壊すぐらいの気持ちで、オーストラリアに働きかけたいとも思っています。

オーストラリアやアメリカのジャーナリストと話をしている時に「WGIP（ウォー・ギルト・インフォメーション・プログラム：戦争についての罪悪感を日本人に植えつけるための宣伝計画）」という言葉を使っても、すぐピンとくる人はまずいません。みんな鳩が豆鉄砲を食らったような顔して「何ですかそれ？」となる。日本人だったら人口に膾炙《かいしゃ》したことでも、まず我々はそれを説明するところから始める必要があります。

かつて我々日本人には、東京裁判への批判のみならず、広島・長崎への原爆投下への批判、さらには中国人や朝鮮人の批判も許されなかった時代がありました。しかし、占領下の日本でそのような検閲が行われていた史実を知らない欧米の有識者は、意外とたくさんいるのです。

だから、そういう類のセンシティブな話も、相手の頭に抵抗なく入っていくように日頃から発信し、インプットしていく。これからの日本にとって、オーストラリアのみならず、諸外国へのそうした働きかけはものすごく大事なことだと思います。

山岡：でも、それは相当高度なことですよね。国際的な舞台でTPOを間違えてそのような発信をすると、反対に日本への批判にもつながりかねない。

山上：おっしゃる通り、TPOに慎重に配慮しながら行わなければならない、かなり高度な仕事です。まず、しっかりと歴史の勉強をする。学んだことを英語でどう表現すれば相手が受け入れやすいかを思案し工夫する。そして、相手と信頼関係を築いた上で適切な機会を選んでこうしたセンシティブな話をしていく。職業外交官ならそれくらいのことをやらなければいけません。

山岡：相手を過度に刺激せず、そうしたセンシティブな話をインプットしていくのは、本当に高度な技術です。そこには、英語力はもちろん、話し方や日頃の人間関係なども大きく影響しますので、まさに職業外交官としての矜持《きょうじ》を持っていなければできない仕事だと思います。私は民間人もそれぐらいの矜持を持つべきだと思いますが、やはりプロの外交官にはプロのレベルで働いていただきたいです。謝るだけなら素人でもできますので。

第四章

戦狼外交と日本外交敗北主義の宿痾

中国は変わった

山岡：中国は鄧小平《とうしょうへい》の時代に市場経済を推進し、外国資本・技術の導入にも積極的な改革開放政策をとるようになり、中国市場を開放して世界各国に「さあみなさん、中国に来てください」といかにも平和的に呼びかけました。

当時の中国のスタンスを表す有名な言葉に「韜光養晦《とうこうようかい》」があります。自分の実力が十分になる時期が来るまでは、力を隠して雌伏するという意味です。だから、中国は長らく自分たちの野心・野望・本音の部分を隠したまま、爪を研ぎ続けてきました。

その結果、中国でお金儲けをしたい国際的な資本家、企業は雪崩《なだれ》を打って中国市場に参入し、チャイナ・マネーに惹きつけられた国は、次々と親中国家になっていきました。日本企業も「バスに乗り遅れるな」とばかりにどんどん中国に進出していったわけです。アメリカはビル・クリントン政権の時代に中国をWTO（世界貿易機関）に加盟させました。

一方、中国がその裏で何をやっていたかというと、今ではすっかり日本でもお馴染みの言葉となった「サイレント・インベージョン」です。すなわち、表に見えないところでターゲットの国への浸透工作をどんどん進め、その国の政治・経済が中国に有利になるように操っていきました。

中国によるサイレント・インベージョンのターゲットになった国として有名なのが、オーストラリアです。

なぜオーストラリアが狙われたのか。

オーストラリアはニュージーランドとともに「西側諸国の中の最も弱い鎖」だと中国から見做されていました。また、広大な国土の割に人口が少なく、非常にオープンな移民政策をとっている多文化共生主義国家だから、中国人でも入り込みやすい。そうした理由から、中国にサイレント・インベージョンの「実験場」として選ばれたわけです。

そして、中国がオーストラリアに対する浸透工作を戦略的に続けた結果、オーストラリアは中国に乗っ取られる寸前の状況に陥ってしまいました。中国がいかにしてオーストラリアに対する影響力を拡大していったかについては、2018年にオーストラリアの学者クライブ・ハミルトン氏が上梓した『Silent Invasion: China's influence in Australia』（日本語版：『目に見えぬ侵略 中国のオーストラリア支配計画』奥山真司訳・山岡鉄秀監訳、飛鳥新社、2020年）に詳しく書かれています。

クライブ・ハミルトン（2009）

ところが、習近平政権の時代になると、中国は外交方針を威圧的・高圧的な戦狼外交路線に切り替え、それまで内に秘めていた覇権主義を隠さなくなりました。その結果、オーストラリア国民もようやく目が覚め、中国を脅威として認識するようになったわけです。

私は、中国が「韜光養晦」のまま、オーストラリアへのサイレント・インベージョンをあと10年か20年続けていれば、本当にオーストラリアは気づかないうちに中国の属国になっていたのではないかと思います。

ちょうど山上先生が日本大使としてオーストラリアに赴任された2020年は、そうした中国の大きな外交方針の変化があった時期、すなわち中国がサイレント・インベージョンを続けながらも、戦狼外交が頭をもたげていた時期でしたよね。

山上：今のご指摘は非常に重要です。我々日本人は、まず「中国は変わった」という認識から出発しなければいけない。

垂秀夫《たるみひでお》前中国大使は、ある講演で「中国は鄧小平から胡錦濤まで続いた鄧小平時代と、胡錦濤から習近平に代わって始まった習近平時代に分ける必要がある」という主旨のことを述べていました。これには私も完全に同意します。

鄧小平時代の中国が目指していたのは「豊かな中国」でした。先ほど山岡先生がおっしゃった、鄧小平の改革開放政策がその典型です。ところが、習近平が目指したのは「豊かな中国」よりもむしろ「強い中国」だった。経済成長が鈍化し、党内の腐敗・汚職も目立ってくるなど、社会環境的にも「豊かさ」を目指すのが難しくなったという要因もあるのでしょうが、明らかに習近平は「豊かさ」から「強さ」に舵を切りました。

その「強い中国」を求めている習近平のもとで、対外的に展開されていったのが戦狼外交です。だから、オーストラリアのような国に対しては、軍事力・政治力を背景にした「強さ」を前面に押し出し、完全に上から目線で「お前たちなんて所詮はミドルパワーだろう。大国である俺たちの言うことを聞け」と言わんばかりの威圧的な態度をとってきました。

習近平と抗日戦争勝利70周年の式典（軍事パレード）©AP/アフロ

それは日本に対しても同じです。「もう〝世界第2位の経済大国〟の座は中国のものだ。日本は落ち目だろう。落ち目の国は落ち目なりに静かにしていろ」と言わんばかりの威圧的な態度をとってきています。

こうした事情を踏まえると、中国の戦狼外交路線はおそらく当分変わりません。すなわち、「豊か」より「強さ」を求める姿勢が戦狼外交として具現化しているのであれば、習近平時代が続く限り、戦狼外交路線は継続されるでしょう。日本人はそういう前提に立って、「中国は変わった」「変わった中国はしばらく変わらない」と認識する必要があるということです。相手が変わったならば、こちらも変わっていかなければいけません。

要するに、今さら「日中友好」や「戦略的互恵関係」というスローガンを呪文のように唱え続けたところで、中国が「はい。わかりました。仲良くしましょう」と引っ込むような状況ではないということです。

私は岸田政権も石破政権も外務省も、中国に対する認識の転換がまったくできてないと思います。率直に言って、一周も二周も遅れている感じがしますね。

中韓大使を絶対的に凌駕してやる

山岡：最近の日本を見ると、中国のサイレント・インベージョンが相当に進んでしまっているのではないかと危惧しています。

例えば、自民党の宏池会のパーティーには、ものすごい数の中国人や中国の関係者が出席しています。つまりパーティー券の購入を外国人に頼っているような状況です。なのに、その巨大な穴を埋める気はまったくない。自民党派閥の政治資金パーティーをめぐる裏金問題であれだけ大騒ぎしながら、外国勢力の国政関与につながりかねない肝心要《かなめ》の外国人のパーティー券購入の問題についてては手をつけていません。その事実ひとつをとっても、いったいどれだけ中国側に「浸透」されているのかと、想像するだけで恐ろしくなります。

だから結果として、日本政府も、山上先生がご指摘されたような方針の転換ができません。外務省も往々にして、極力相手国を刺激しないという従来通りの消極策をとり続けています。

そうした状況下で、山上先生は駐豪日本大使として、豪州メディアに対しても積極的に発信し、中国の戦狼外交的な発言に対してもしっかりと言い返すという積極策をとられていたわけですね。

山上：今だから告白しますが、私がキャンベラに赴任する時、自分の心に誓っていたことがあります。それは、日本大使として、中国大使や韓国大使と対峙する時は、常にかつ絶対的に相手を凌駕《りょうが》するということです。機会があれば、アメリカ大使やイギリス大使をも凌駕してやるという気構えで大使を務めていました。やはり大使の仕事には、どうしても他国大使との競争という側面がありますからね。ビジネスマンと同様、外交官の世界でも競争という意識は必要なのです。

ただ、振り返ってみるとこの誓いは決して大言壮語の無理筋な話ではなく、日豪の信頼関係、とりわけオーストラリアの日本に対する親近感を考えれば、十分に達成できることなのです。

積極的に政界や財界やメディアに働きかけて、日本からのメッセージを発信し、日本の立場・主張への理解を促進する。そのためには、日頃から、公邸での設宴で和食などの日本のソフトパワーも活用しながら幅広い人脈を構築し、オーストラリアの友人、味方を増やしていく――その地道な努力を積み重ねていけばいいのです。

特に戦狼との戦いでは、そうした日頃の積み重ねが大きな効果を発揮します。というのも、オーストラリアにおける日中の外交戦で勝敗の審判を下すのは、中国人でも我々日本人でもなく、戦いの舞台となっているオーストラリアの一般国民だからです。

もちろん、中国側もその点は心得ているので、彼らは彼らなりに、オーストラリアで味方を増やそうと必死に取り組んでいます。だから、オーストラリアの政財界やメディアには、中国の主張の代弁者もいれば、根強いサポーターもいます。何分にも豪州にとって最大の貿易相手国だという経済力は中国の魅力です。中国系移民の政治力もあります。

ただ、戦狼たちの弱みは、往々にして中華秩序や自国ファーストを前面に出し過ぎて、相手の立場に立てない、地域や世界のあるべき姿を語れないことにあります。それゆえ、日本のような親近感を醸成できないし、ソフトパワーも備わりません。

そういう意味では、日本は、民主主義や人権を声高《こわだか》に主張することもさることながら、「法の支配」が持つ価値の重要性をもっとうまく国際社会に売り込んでいく必要があります。つまり、「大小を問わず、どの国も平等に扱われるべきだ」「弱者が強者に小突き回されるような国際社会であってはならない」と訴えることが、戦狼外交に対する非常に有効な反撃になるわけです。

そう考えると、今は日本の外務官僚も内にこもっている時期ではありません。やりがいのある大使ポストを一人でも多くの外務官僚が経験し、積極外交の重要性に目覚める時ではないかと思います。

今の外務省は、在外公館長ポストを経験せずに幹部ポストに就くケースがますます増えているうえに、次官を務めた人間が大使ポストを一度も経験することなく退官していくケースも増えています。

こうした「在外軽視」の風潮は、外交当局としての存在意義を否定するものであり、確実に組織を蝕《むしば》んでいるので、すぐにでも改めなければなりません。

オーストラリアに学ぶサイレント・インベージョン対策

山岡：中国は戦狼外交に路線変更したからといって、浸透工作をやらなくなったわけではありません。戦狼外交と並行して、浸透工作も着々と進めてきました。

特にひどかったのが、メルボルンを州都とするビクトリア州です。２０１４年から２０２３年まで州首相を務めたダニエル・アンドリュース（オーストラリア労働党）が完全に中国側に取り込まれ、２０１８年10月になんと州政府で勝手に中国と一帯一路（中国が推進する広域経済圏構想）に参加する取り決めを結んでしまいました。要は、チャイナ・マネーで州のインフラ整備をしようとしたわけです。

当然、当時のスコット・モリソン首相率いる連邦政府からは強く批判されましたが、アンドリュースはそれを無視して突き進みました。オーストラリアの法律も、州政府が連邦政府を無視して特定の国と取り決めを結ぶなどという事態は想定していなかったのです。

ダニエル・アンドリュース　©AP／アフロ

そのため、連邦政府は２０２０年12月に外国関係法という新しい法律をつくり、州・準州・大学機関などが外国政府等と締結した、連邦政府の外交政策と合致しない取り決めを外務大臣の権限で無効にできるようにしました。この立法措置により、ビクトリア州と中国との一帯一路取り決めを破棄させたわけです。

　オーストラリアにはいわゆるスパイ防止法もあったのですが、それでも不十分だったことから、マルコム・タンブル政権下で外国干渉防止法という法律もつくられました。同法では、スパイ行為を「内政干渉」という概念で捉え、オーストラリアの行政・政治に干渉して影響を与えようとする行為に刑事罰を科しています。まさにサイレント・インベージョンに対する「防波堤」ですね。このようにオーストラリアでは、タンブル・モリソン政権の時代に、連邦政府として国家の主権を守る努力を一生懸やってきました。

　日本では、いわゆる道州制を導入する議論がありますが、オーストラリアの経験に鑑みれば、うっかり地方に権限を与え過ぎると、例えば「関西州」が中国側とくっついてしまうなどのリスクも十分に考えられます。

山上：そもそも、日本にはスパイ防止法すらありませんからね。漸く成立したセキュリティ・クリアランス法も基本的には政府関係者が中心であり、本来であれば国会議員全体、各省庁幹部に求めるべき話です。

山岡：日本の場合、まずはそこからですよ。とにかく、中央政府のガバナンス能力を高めておかないと大変危険な事態を招きかねないことが、オーストラリアの教訓から学べます。特に、取り締まる対象をスパイ行為に限定せず、干渉行為として浸透工作そのものを犯罪として捉えていくという視点は重要です。サイレント・インベージョン対策で日本がオーストラリアから学ぶべきことはたくさんありますよね。

山上：おっしゃる通りです。中国による政治家への浸透工作、それから中国系企業による国の基幹的なインフラ、例えば発電網や港湾施設など、国の安全保障に関わるインフラに対する直接投資には特に気を付けなければいけません。

第一章でも述べたように、ある意味、オーストラリアと日本はよく似た立場に置かれています。どういう方向性や方法で中国のサイレント・インベージョンに対処していくべきか、国内の監視体制や防諜機関をどのように整えていくべきかなどについては、オーストラリアの経験がものすごく参考になると思いますね。

親中派に対しても積極的に働きかける

山上：せっかく山岡先生からビクトリア州のダニエル・アンドリュース州首相の名前が出たので、私のこぼれ話をひとつ紹介しておきます。

彼は本当に名うての親中派で、いわゆる「パンダ・ハガー」の典型です。日本に1回出張するとすれば、中国には10回出張するくらい、中国に偏っていました。

山岡：わかりやすいですね（笑）。

山上：2022年2月、私が大使として初めてビクトリア州の州都メルボルンを公式訪問した時には、もちろん当時州首相だったアンドリュース氏にも挨拶しましたが、最初はなかなかアポイントメントが取れませんでした。どうもガードが固くて、日本大使と積極的に会おうという感じがまったくない。だから、私は少し強めの電流を流す必要があると思い、メルボルンのある場所でスピーチした際に、あえて「アンドリュース州知事と会いたいのだがまだ会えていない」という発言をしました。すると、面白いことにすぐさま「ぜひ会いに来てください」と反応があり、ようやくアンドリュース氏と面会することができたのです。

ただ、私はそれだけでは日本の見解をインプットするという観点からは満足できないので、アンドリュー氏と面会した際に「今度は一緒に食事しましょう」と申し入れました。

メルボルンの日本総領事には非常に立派な公邸があります。同年6月、私がメルボルンを再訪した際には、その総領事公邸にアンドリュース氏夫妻を招待し、島田順二総領事（当時）夫妻、私たち山上夫妻で夕食を共にしながら、じっくりと意見交換をしました。

ちなみに、島田総領事は外務省で私の1年後輩にあたり、昭和60年入省組切っての俊秀です。アメリカ留学時代から互いによく知った仲で、条約課長の後任でもあります。私がインテリジェンス担当の局長をしていた時期には強力な右腕として支えてくれました。

その島田総領事夫妻の素晴らしい発案で、その日はアンドリュース夫妻を日本一色の中にお迎えしました。メルボルン在住のプロ箏奏者《ことそうしゃ》と3人のアンサンブル・メンバーによる琴の四連弾で歓待し、公邸料理人の大津尚也氏の手による極上の和食を堪能していただいた後、豪州人の間でも人気が高いサントリー・ウィスキー「山崎」を味わいながら島田夫人による巻き藁を的としての弓道の実演を鑑賞するというコースです。

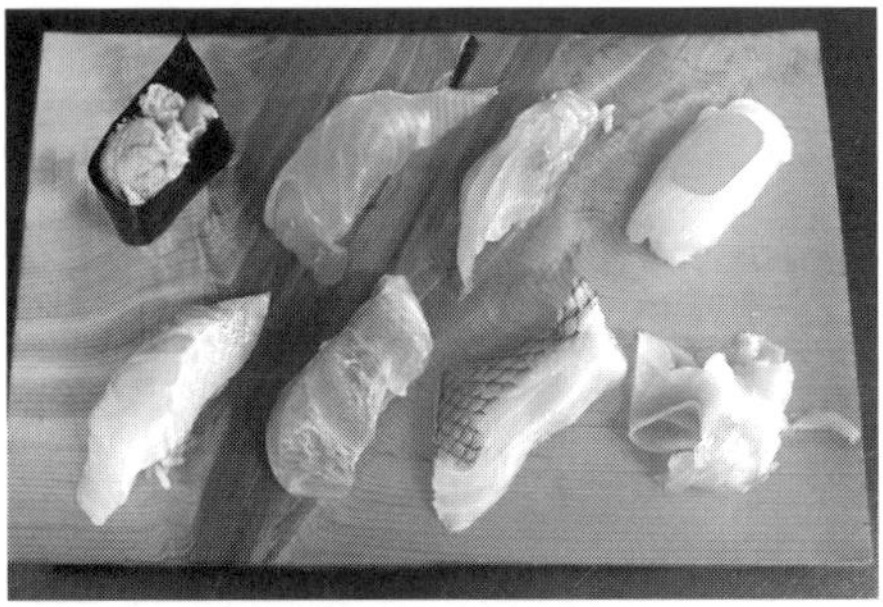

握り寿司。右上のお寿司はカラスミから手間と時間をかけて小形禎之大使公邸料理人が一から作ったもの

大使公邸で「お土産」として振る舞ったプラムジャム

とても楽しい一夜でしたが、ではそれによってアンドリュース氏の目を日本に向けさせることができたかというと、もちろんそんな甘い話ではありません。ただし、日本を忘れてはいけないという牽制球にはなったかもしれません。ここで私が言いたいのは、たとえ相手が親中派でも、こちらから働きかける地道な努力を怠ってはいけないということです。

オーストラリア人の政界や財界には「これからは中国の時代だ」

と思慮浅く公言するような、親中に傾いている人たちが相当数いるのは間違いありません。だからといって諦めていては、何も進展しない。相手がどういう人物であれ、日本の強み、セールスポイントを継続的にインプットすることが、外交においては大切だと思います。

実際、メルボルン駐在の各国領事団の行事に顔を見せることが少なかったアンドリュース氏が日本総領事の招待に応じ、在メルボルン総領事公邸で和食を大いに楽しんだことは、ビクトリア州の閣僚の間で話題になったそうです。

なぜ外務省のチャイナスクールは中国の言いなりになるのか？

山上：日本は、中国の中長期的な展望を諸外国に提供できる存在として、格好の地政学的位置にいます。要するに、フロントラインで中国と対峙しているというだけでも、日本の外交上の価値は上がるわけです。だから、日本の外交官や政治家だけではなく、海外で活躍する民間の日本人ビジネスマンにも「中国の問題について外国人に説明するのが、海外にいる日本人の責務だ」というくらいの使命感を持っていただきたいと思っています。「中国のことなら日本に聞け」という認識がもっと世界に広がってほしいのですが、現状は残念ながらそこまでにはいたっていません。

山岡：おっしゃる通りだとは思いますが、私のような民間人からすると、むしろ外務省のチャイナスクール（外務省の中国語研修組の外交官）の方たちが戦狼外交としっかり戦ってくれるのかという不安があります。彼らはいったいどこの国の外交官だというくらい、中国の言いなりになっている印象ですからね。

山上：ごもっともなご指摘です。私が思うに、チャイナスクールには乗り越えなければいけない壁が二つあります。

ひとつは、中国の反発を恐れずに、しっかりと中国批判をできるかどうかです。

実は日本だけでなく、アメリカ、イギリス、オーストラリア、ドイツ、フランスなど、どの国のチャイナスクールも「中国に弱い」という点は共通しています。また、外交官に限らず、民間の学者・研究者なども含めた「中国の専門家」は中国批判をはばかるところがあります。特に公の場ではその傾向が顕著ですが、これは中国側の反発が怖いからです。

公の場で中国批判をして彼らのメンツをつぶしてしまうと、「中国の敵」というレッテルを貼られ、徹底的に排除されてしまいます。当然、そうなると仕事がやりにくくなる。中国側はその人が所属する組織の人事にまで干渉してきますからね。

一例を挙げると、東京外国語大学の中嶋嶺雄先生は現代中国政治の専門家でしたが、中国を批判したために中国に行くことができなくなりました。中国はそういう仕打ちを平気でしてきます。チャイナスクールは中国のやり口をわかっているから、中国を刺激するような言動を控えることが習い性になっているのです。しかし、そこを乗り越えなければ、健全な日中関係をつくることなどできません。

二つ目の乗り越えるべき壁は、英語による対外発信です。

チャイナスクールの外交官が中国語で中国とやり合うのは結構なのですが、今の時代はそれだけでは足りません。やはり英語で第三国の人たちに対して、中国でいま何が起きているのか、何が問題なのか、今後の展望などを発信していく必要があります。この説明能力を磨かなければ、日本が対中政策で世界を引っ張っていくことはできません。

前述の通り、日本は中国の脅威に対峙するフロントライン国家ですから、日本は中国の提供する機会だけではなく中国の本質や過度に依存することの危険性を発信しないと、他の国には響きません。欧米諸国をはじめとする国々と中国問題についての知見・経験を共有し、彼らを啓蒙・教化する役割が日本のチャイナスクールにはあります。現在それが十分にできていないのは、非常に大きな問題だと思います。

怒るべき時に怒らなければ抑止力が働かなくなる

山岡：中国の外交官や政治家たちが海外で行っている戦狼外交的な発言は、相手国や世界に向けて発信しているのと同時に、本国の習近平に喜んでもらうために発信しているところがあります。だから、発言もどんどんエスカレートして、もはや暴言レベルのものまで出てくるようになりました。

２０２４年５月20日には、中国の呉江浩《ごこうこう》駐日大使が台湾情勢をめぐり、日本が台湾の独立に加担すれば「日本の民衆が火の中に連れ込まれることになる」というとんでもない暴言を吐いています。

このような発言をした外交官に対しては、普通の国なら「ペルソナ・ノン・グラータ」（国外退去処分。原義は「好ましくない人物」）を発動してもおかしくありません。しかし、日本側は抗議だけで終わらせてしまいました。しかも、当初は担当課長が在日中国大使館の公使参事官に電話で抗議しただけです。

山上：世界標準に照らしてあり得ない対応です。のちに外務省は、いつも引っ込み思案の岡野正敬事務次官が呉大使に「極めて不適切だ」と直接抗議したことを明らかにしましたが、それ

在日中国大使館で開いた座談会で、台湾問題に関して発言する呉江浩駐日大使　©産経新聞

だけでは不十分です。政治レベルでも強く抗議しなければいけません。「大臣からもひと言お願いします」と進言するのが外務官僚としてのあるべき姿です。つまり、外相か外務事務次官が呉大使を外務省に呼びつけて厳重に抗議したうえで、謝罪と発言の撤回を強く求める。それでも改まらなければ、この大使は日中間の発展のためにならない「ペルソナ・ノン・グラータ」であるとして、日本から追放し、本国へ送り返す。それが世界の外交では常識であり、国際的にスタンダードな対応です。おそらく、ソウルで同月27日に日中韓サミットが開かれる直前だったから、中国の機嫌を損ねたくなかったのでしょう。

呉大使の「火の中」発言は「日本人をぶっ殺す」と言っているに等しいものです。「火」は台湾独立を阻止するための中国の武力行使を指します。ということは、呉大使の発言は、その「火」に日本人が巻き込まれて殺されるという意味です。大東亜戦争で戦火を経験した日本人に対して、東京大空襲や広島、長崎の原爆を想起させる言葉だといえます。

呉大使は日本人に与えるそうした意味合いを十分認識しながら、鳩山由紀夫元首相やメディアの前であえて扇情的な言葉を使ったと理解すべきです。私的な会合で非公式に私見をもらしたのとは、わけが違います。マスコミを通じて日本全体に伝わることを意識して発言したところに問題の根深さを感じます（「火の中」発言は日本の政治家や学者を在日中国大使館に招いて開かれた座談会で呉大使から発せられた。この座談会には鳩山由紀夫元首相や社民党の福島瑞穂党首なども参加）。

中国の外交官が同様の問題発言をした例は過去にもありますが、この「火の中」発言は日本人一般に向けられている点で大きく異なります。駐日大使が「日本人をぶっ殺す」という意味を含んだ発言をするなど、決して看過してはいけません。私は40年間の外交官人生でこれほど過激な発言は聞いたことがありません。

私が危惧するのは、福岡県で2008年12月、初の日中韓サミットが開かれた時と状況が重なっているように見えることです。当時はサミットの5日前に中国が初めて海洋調査船を尖閣諸島沖の日本領海に送り込みました。史上初めて領海に侵入してきたのです。「日本はサミットを壊したくないから、文句を言わないだろう」とみて、日本側の反応を試したわけです。

日本政府がダンマリを決め込めば、中国側は「日本相手ならこれくらいのことをしても大丈夫」と思うようになり、中国の軍事的冒険主義のハードルが下がりかねません。要するに、抑止力が効かなくなるのです。足もとを見られるだけでなく、自分たちが台湾に侵攻しても日本は動かないと侮られるおそれすらあります。そうなると、日本や国際社会が重視する「台湾海峡の平和と安定」も維持できません。怒るべき時に怒るのは外交の要諦であり、それが抑止力になるのです。

外務省が弱腰外交をしているのは官邸の指示？

山岡：腰が引けた対応という点でいうと、2022年8月、ナンシー・ペロシ米下院議長の訪台を受けて、中国が日本の排他的経済水域（EEZ）にミサイルを着弾させた時も、外務省は森健良事務次官が中国の孔鉉佑《こうげんゆう》駐日大使に電話で抗議しただけで済ませています。

山上：この対応には呆れてものが言えませんでした。私も当時、外務省に身を置いていたので、中国に対して毅然とした当たり前の対応をすべきだと強く問題提起したことを覚えています。

山岡：EEZにミサイルを撃ち込まれたのに対して、電話による抗議のみでは、それこそ抑止力が働かなくなりますよね。なめられて当然です。

2020年11月に中国の王毅《おうき》外相が来日した時には、尖閣周辺での日本漁船の操業を中国主権の侵害であるかのように主張する王毅外相の発言を、茂木敏充外相がその場で反論することなく受け流していました。しかも、その直後に茂木外相は中国語で「謝謝」と感謝の言葉まで述べています。もはや「病膏肓《やまいこうこう》に入る」状態であり、相手とまともに議論すらできない状況になっているわけです。

ところで、中国は台湾問題を国内問題に位置づけて「中国国内の問題だから、他国による内政干渉は許されない」と主張しています。

私はいつも思うのですが、中国が公の場でその理屈を述べてきた時には、日本側は「なるほど。台湾問題が国内問題だと言うのなら、中国は間違ってもシーレーンを封鎖することはないということですね。では、それをこの場で約束してください」とでも言うべきです。台湾問題で中国がシーレーンを封鎖しようものなら、もはやそれは国際法上の戦争行為であり、内政問題では済ませられないですからね。そういう議論をしないで、EEZへのミサイル着弾に電話だけで抗議したり、中国外相の傲慢な発言に「謝謝」と返したりしているようでは、文字通り話になりません。

山上：最近数年の日本の対応を見ていると、外務省だけではなくて、やはり岸田文雄首相、林芳正官房長官のもとでの官邸がおかしいですよね。中国大使が暴言を吐いても相手を呼びつけもしない。中国で日本人親子が切り付けられたり、僅か10歳の日本人の子供が白昼に母親の目の前で惨殺されたりする事件が起こっても、事実関係の究明を繰り返し求めるだけに終わり、まともに抗議すらできない。靖国神社で放尿や落書きをされても、ろくに文句も言わない。海

靖国神社落書きが発生。落書きされた石柱はブルーシートで覆われていた（2024年8月）©産経

上ブイは放置したまま。中国が日本の水産物を全面禁輸してもWTOに提訴しない。対外的に発する言葉は「遺憾」のオンパレード。なぜこんなにも弱腰なのか。

私はこうした腰の引けた対応が外務官僚だけで決められているとは思いません。政府や外務省の内情を知っていますからね。おそらく、日中関係で成果を上げたい官邸から「事を荒立てるな」と言われているのでしょう。

しかし、それに対して心ある外務官僚は「今や中国は〝戦狼〟に変わってしまったのに、従来通りの腫れ物に触るような外交をしていても通用しません」とはっきり進言すべきです。そして、中長期的な展望を踏まえた「あるべき日中関係」をしっかりと考え、それに向けて取るべき対中政策を提案していくことこそが、今の外務官僚に求められる仕事だと思います。政治の風に敏感に右顧左眄《うこうさべん》することが吏道《りどう》ではないと信じています。

「日中友好」「戦略的互恵関係」は百害あって一利なし

山岡：今の日本は、アメリカにも完全に追随し、中国にも頭が上がらないという「全方位土下座外交」のような状態です。

2024年4月、岸田首相はアメリカの連邦議会上下両院合同会議で演説し、日本をアメリカの「グローバル・パートナー」だと表現していました。すなわち、「アメリカはこれまでほぼ独力で国際秩序を維持してきたけれど、今の日本にはその重荷を分かち合う準備ができている。日本はアメリカの地域パートナーからグローバル・パートナーへと進化した。だから、これから先もアメリカと肩を組んで共に歩み続ける」という主旨のメッセージを岸田首相が演説で発したわけです。しかし、それから間もない7月には、今度は上川陽子外相が中国の王毅外相と会談し、日中の「戦略的互恵関係」を推進すると表明しました。

今や中国はアメリカにとって最大の敵なのに、その中国と「戦略的互恵関係」を推進するとは、いったいどういうことなのか。これではもはやコウモリ以下の外交です。日本外交に〝背骨〟がないのを象徴する出来事だと思いましたね。

山上：とにかく「戦略的互恵関係」という言葉は早く死語にした方がいい。「日中友好」と一緒で、百害あって一利なしです。長年使い続けた「日中友好」が手垢にまみれてきたので、第一次安倍政権の頃から「戦略的互恵関係」を使うようになったのですが、もう今の時代状況では意味をなしません。いずれも、中国側が自分たちの利益を実現するために便利に活用してきた政治用語であり、要は彼らにとって都合の悪い問題を絨毯《じゅうたん》の下に掃き込んで現状を糊塗《こと》する言葉なのです。

私はこのスローガンが理解できなくて、省内でずっと反対していました。「互恵関係」はお互いに利益になる関係をつくるということだから、まだ許せます。しかし、「戦略的関係」は「Strategic Partnership」という英語を想起させるものであり、外交の世界では、同盟（alliance）にはいたらないけれど、それに準じるような緊密な関係を指すときに使われる言葉です。

だから、民主主義や人権といった基本的価値を共有したうえで、地域情勢についての戦略的なものの見方や利益も共有するような間柄の国、例えば今の日本にとっては、オーストラリアやイギリスがまさに「戦略的関係」にあたります。あるいは、北朝鮮とロシアも確かに「戦略的関係」です。ロシアのプーチン大統領は2024年6月、24年ぶりに北朝鮮を訪れて金正恩《キムジョンウン》総書記と首脳会談を行い、ロシアと北朝鮮のどちらか一方が戦争状態になった場合、軍事的な援助を提供することなどを明記した包括的戦略パートナーシップ条約に署名しました。「戦略的関係」とはそういうものです。

では、はたして今の日本と中国は「戦略的関係」と言えるでしょうか。２０２２年12月に策定された日本の国家安全保障戦略によれば、中国の軍備増強と攻撃的な外交は、「これまでにない最大の戦略的な挑戦」を提起しているのです。「戦略的挑戦」とまで呼ぶ国と「戦略的関係」を結べるなど、自家撞着以外の何物でもありません。

誰がどう見ても、中国は日本の安全保障にとって脅威です。潜在的どころか顕在的な脅威ですよね。尖閣周辺にほぼ毎日、中国海警船を派遣して日本の周辺海域の緊張を高めているうえに、今や航空自衛隊戦闘機のスクランブル（緊急発進）では、ロシアを超えた最大の「お得意様」でもあります。ついに、２０２４年9月には、日本の長崎県上空の領空も中国軍偵察機によって侵犯されました。加えて、駐日大使は「火の中」発言で「日本人をぶっ殺す」と言っているに等しいメッセージを発信しています。

プーチン大統領，金正恩総書記と首脳会談　©ロイターアフロ

いったいどこをどう見れば、中国が日本にとって「基本的価値と戦略的利益を共有する戦略的なパートナー」たりえるのでしょうか。

「日中友好」「戦略的互恵関係」といった言葉を平和の呪文のように唱える「お経外交」はもういい加減止めるべきです。しっかりと日中関係の現実を見て、是々非々でやらないと、現状認識を誤り、日本の国益を損ないます。

実際、「日中友好」であれ、「戦略的互恵関係」であれ、これまで中国が好き勝手に解釈できるスローガンによって、現状に山積している日中間の重大かつ深刻な問題が糊塗されてきました。そのことを外務省は猛省すべきでしょう。ところが、石破茂政権でも継続して「戦略的互恵関係」と呪文を唱え続ける愚を犯しています。保守派を任じる自民党総裁選候補も「中国とは戦略的互恵関係」と条件反射的に発言しました。誠に病根は深いのです。

まだまだ〝不健全〟な日米関係

山岡：「日本はアメリカのグローバル・パートナーだ」と謳ったところで、肝心の日本がまだ「一人前の国」になっていません。憲法を改正していないので、自衛隊は警察の延長のままであり、自衛隊員も軍人ではなくて特別職公務員という中途半端な状態です。それでアメリカの「グローバル・パートナー」だなんてよく言えるなと思いましたね。

日米関係も現状ではまだまだ不健全なところがあります。日本が本当の意味でアメリカの「グローバル・パートナー」になりたいなら、まずは健全な同盟関係に改善していくところから始めないといけません。

そもそも、自国の安全保障を他国に委ねるのは、非常に危険です。アメリカ人の歴史学者であるジェイソン・モーガン麗澤大学准教授も、私が塾頭を務める令和専攻塾の講義（2022年8月20日の夏季集中講義）でこう指摘していました。

「日本人はいつまで自国民をジェノサイドした敵国に自らの安全保障を委ねているのか？　また同じことが繰り返されるだろう。アルメニアがトルコに、イスラエルがドイツに自国の防衛を任せると思うか？　岸田政権はナチ支配下のフランス・ヴィシー政権である。日本人はいい加減に目を覚ますべきだ」

平和ボケしきった日本人に対する愛のある叱責、それも日本をこよなく愛するアメリカ人からの叱責です。

空襲と二度にわたる原爆投下で日本の一般市民を大量虐殺した相手に安全保障を委ねるというのは、まさに前代未聞、本来ならあってはならないことだと私も思います。もちろん、反米派の人たちのように「今すぐ米軍を日本から追い出せ！」などという非現実的なことを言うつもりはありません。しかし、いわゆる日米地位協定の問題点など、見直すべきところは見直して、日本側から積極的に健全な同盟関係に改善していく努力はすべきでしょう。要するに、「一人前の国」になるための当たり前の努力をしていかないといけない。

山上：その観点で言えば、2024年8月9日「長崎原爆の日」に行われた平和祈念式典にイスラエルの駐日大使が招待されなかったことを受けて、アメリカのエマニュエル駐日大使が欠席したのも、非常に残念な出来事でした。もちろん、イスラエルの駐日大使を式典に呼ばなかったのは、長崎市をはじめとする日本側の大失態だと思います。ただ、それにしても「アメリカの原爆への反省、長崎への哀悼の意は、イスラエルを招待しなかったくらいで雲散霧消してしまう程度のものだったのか」とアメリカを叱るくらいのことはしてほしい。今の日米関係ならそれくらい遠慮せずにアメリカに物申していくことも大事です。日米関係はそうやって丁々発止で物を言える仲にしておくことが、中国による歴史カードの使用を封じ込めていくことにもつながると思います。

さらに踏み込んで言えば、エマニュエル大使に対しては日本を離れる前に一度くらいは靖国神社に参拝せい、と言いたいですね。アメリカにとっても最も重要な同盟国の礎《いしずえ》を築いた英霊への敬意と哀悼の意を米国大使として表明するのは当然でしょう。

山岡：「グローバル・パートナー」なら当たり前にそれくらいは言ってほしいですよね。「一人前の国」ならできて当然のことです。

日本の言論空間を歪めたWGIPの呪縛

山岡：日本が「一人前の国」を目指すにあたって、あるいは反日勢力との歴史戦を戦うにあたって、大きな足枷《あしかせ》になっているのが、今日においてもなお日本社会に強い影響力を残しているWGIPの呪縛です。このGHQの占領政策により、戦後の日本人は長らく「日本は無謀な侵略戦争を行った」「旧日本軍は戦地で残虐な行為を繰り返していた」「悪いのは軍で、一般の国民は被害者だった」「原爆投下は戦争の早期終結のためには仕方がなかった」など、多元的・重層的に洗脳され、罪悪感を持たされてきました。左翼メディアや学校教育で学ぶ「虚構のストーリー」を通じて「戦前の日本はこんなに悪いことばかりしていたのだから、罰せられても仕方がない」と刷り込まれ、それをそのまま放置し続けてきたわけです。そのピークが1993年の河野談話（慰安婦関係調査結果発表に関する河野内閣官房長官談話）であり、1995年の村山談話（村山内閣総理大臣談話「戦後50周年の終戦記念日にあたって」）でした。

河野談話では、朝鮮半島での慰安婦の募集、慰安所の設置・運営に旧日本軍が直接・間接に関与したことや強制性を日本政府が公式に認め、謝罪しました。

また、村山談話では、「わが国は、遠くない過去の一時期、国策を誤り、戦争への道を歩んで国民を存亡の危機に陥れ、植民地支配と侵略によって、多くの国々、とりわけアジア諸国の人々に対して多大の損害と苦痛を与えました。私は、未来に誤ち無からしめんとするが故に、疑うべくもないこの歴史の事実を謙虚に受け止め、ここにあらためて痛切な反省の意を表し、心からのお詫びの気持ちを表明いたします」と大日本帝国による過去の植民地支配と侵略を公式に認め、謝罪しました。

さらに、村山内閣は同年、民間団体や個人から募金を集めて元従軍慰安婦に一時金を払うことを目的とした「アジア女性基金（女性のためのアジア平和国民基金）」を発足させています。これにより日本政府は、元慰安婦の女性たち個人に対して、首相の「おわびの手紙」と200万円の「償い金」の支給。さらに医療・福祉のため、韓国・台湾・オランダに300万円相当、フィリピンに120万円相当の支出を決定しました。インドネシアの場合、同国政府が個人支給を認めなかったので、高齢者福祉施設を建設しています。同基金は2007年3月に解散しましたが、事業終了までにフィリピン・韓国・台湾の元慰安婦285人に総額約5億7000万円の「償い金」を支給しました。

山上：歴史認識問題の複雑なところは、日本人からすると皮肉な話ですが、山岡先生のご指摘の通り、そのルーツがGHQの占領政策、要するにアメリカにあるということです。

占領軍統治下でのWGIP、具体的には厳しい検閲を通じて日本人は過去の戦争に対する偏った見方や罪悪感をとことん刷り込まれ、占領が終わった後も朝日新聞を中心とする左翼系メディアがWGIPを拡大再生産するような報道を繰り返してきました。その影響が今日にいたっても、日本の言論空間に大きな縛りを与えています。

例えば、戦争の名称すらまともに定まっていません。私は外務省時代から当時の日本政府が閣議決定した名称に従って「大東亜戦争」と呼んでいますが、今の外務省でそんな呼称を用いていたのは私ぐらいです。多くの者はアメリカに占領期に強制された名称に知ってか知らずか唯々諾々と従って「太平洋戦争」と呼んでいました。それに少しでも良心の呵責《かしゃく》を感じた人たちは、ちょっとぼかして「先の大戦」と言っていた（笑）。

村山談話で使われているのも「先の大戦」という文言ですよね。その背景の思考回路としては、「大東亜戦争」だと右翼とレッテル貼りされて排斥されるし、「太平洋戦争」では地理的に戦場をカバーしきれないしアメリカの言いなりになっている感がある。かと言って「15年戦争」では左翼学者っぽくなってしまう、という受け止め方があったのではないでしょうか。戦争の名称名前ひとつとっても、これだけ腰が定まらないぐらい、日本人の歴史認識は統一されていません。

もちろん、それを数年で統一するのは無理でしょう。しかし、当面の課題として、この統一されてない状況を、敵に外交でうまく利用されないようにしないといけません。少なくとも、「先の大戦」などと呼称し続けている限り、「戦後」を終わらせることはできず、歴史カードを使い続けようとしている反日勢力の動きを止めることはできないと自覚すべきなのです。

日本とまともに戦争していない国が歴史カードで攻めてくる

山上：歴史認識問題の最初の震源地はアメリカでも、幸いなことに今のアメリカ政府は大東亜戦争について日本にどうこう言ってくる立場にはありません。アメリカ大統領自ら広島の原爆追悼式典に出席する時代ですからね。

今日における歴史認識問題の震源地は、アメリカではなく、中国共産党と韓国の左翼勢力、北朝鮮、ロシアです。ある意味、日本にとっては戦うべき相手がわかりやすくなりました。戦いやすい環境になったともいえます。要するに、敵は権威主義国家と左翼勢力ですからね。

第一章でもご説明したように、オーストラリア、アメリカやイギリスのように、大東亜戦争で日本が最も激しく干戈を交えた国との間では戦後和解が達成されていません。むしろ歴史カードで日本を攻めてくるのは、日本とまともに正面から戦っていない国ばかりなのです。

そもそも、当時は日本の一部であり日本と戦争をしていない韓国・北朝鮮、日本軍と正面から戦わず奥地を逃げ回ってゲリラ戦を仕掛けていた中国共産党、終戦直前に日ソ中立条約に違反して対日参戦し、日本がポツダム宣言を受諾して降伏した後もどさくさに紛れて火事場泥棒の如く北方領土に侵攻してきたロシア……彼らが歴史カードを振りかざし日本の立場を弱めようとしている。国際社会で日本を貶め続け、日本から取れるだけ取ろうとしている。現在の歴史認識問題がこういう構図になっていることは、もはや誰の目にも明らかです。

だから、もういい加減、歴史認識問題で彼らに付き合うのは止めた方がいい。そのギアの切り替えこそ、ここ数年で取り組んでいくべき日本の課題だと思います。

山岡：本来なら、日本は1952年に独立を回復した段階で、憲法をつくり直すべきでした。憲法を変えられないから、自衛隊の立場も変えられない。その結果、対米追随外交を変えられない。だから、歴史認識問題にもけじめをつけられない。要するに、「戦後」を終わらせることができないわけです。亡くなった安倍元首相が唱えた「戦後レジームからの脱却」が未だに実現できてないことを非常に残念に思います。

日本語版とはメッセージが異なる英語版「河野談話」

山岡：河野談話や村山談話の関連でいうと、これらには英訳された英語版もあるわけです。日本人は普通、日本語版しか読みませんが、海外の人たちは当然英語版を読みます。ということは、日本語で表現された政府の見解やメッセージをどのように英訳しているかは、極めて重要な問題です。ところが、それらの英訳までチェックしている日本人はほとんどいません。日本人は日本語版の方だけで内容を判断するのが一般的ですからね。

ただ、日本語には独特の曖昧な表現や情緒的・抒情的な表現がすごく多いので、それらのニュアンスを正確に英訳するのは、実は非常に高度な技術が必要になります。実際に英訳された文章を見ると、欧米人の目と耳には、日本語版とは全然違うニュアンスで伝わってしまうことも珍しくありません。これは前章でみた朝日新聞英語版の問題にも通じる話です。

ご存じの通り、河野談話や村山談話には、そのような日本語独特の曖昧な表現がふんだんに盛り込まれています。

河野談話で曖昧な表現が使われている理由は、朝日新聞をはじめとする左翼系メディアがどんな記事を書いてくるかわからないから、それに対応できるようにどちらともとれるような曖味な表現にしたのだという説を政府関係者から直接聞いたことがあります。

しかし、文書や声明、談話といったものは、自分がどういう意図で発信したかよりも、相手や第三者のマジョリティがどう受け止めたかがすべてです。朝日新聞英語版の慰安婦記事に「forced to provide sex」とあれば、朝日新聞がどう考えているか、どういう意図を持っているかに関係なく、100パーセント近いネイティブ・スピーカーが「本当に性奴隷にされていたんだな」と解釈します。それと同じで、海外の人にとっては河野談話の英語版の解釈がすべてです。

では、その河野談話はどのように英訳されているのか。

外務省の英語版ウェブサイトを見ると、例えば「いずれにしても、本件は、当時の軍の関与の下に、多数の女性の名誉と尊厳を深く傷つけた問題である」という箇所の英訳は「Undeniably, this was an act, with the involvement of the military authorities of the day, that severely injured the honor and dignity of many women.」です。出だしの「いずれにしても」が英語版では「Undeniably（疑う余地なく、まぎれもなく）」となっていて、オリジナルの日本版とはニュアンスが異なっています。つまり、英語版では、しれっと日本を批判する側に迎合したような表現になっているわけです。

山上：英語圏の人たちが納得しやすい方向に持っていきたいという力学が明らかに働いていま

すよね。「Undoubtedly」は明らかに「訳しすぎ」です。

国益を大きく左右する英訳なのに責任者不在

山岡：私は「この英訳は誰が責任をもって担当しているのか」と外務省の職員の方に聞いたことがあります。極めて重要な問題ですからね。ただ、外務省の職員の方の返答としては、外務省のウェブサイトにはいろいろな部署が関わっているため、統一的にそれを管理している専門の担当部署はないとのことでした。

では、外務省の中で誰がどのような権限・責任をもって河野談話を英訳し、それを誰が承認したのか。

本来ならば、その「承認」の過程がないとおかしい。私が外務大臣だったら、問題になりそうな文書や発言をどう英訳したのか外務省に確認して、まずそうなところがあれば指摘しますよ。

山上：そんな外務大臣、今まで一人もいませんでした（笑）。おそらく役所の中の仕事ぶりからいうと、英訳のチェックはせいぜい課長だと思います。

ただ、しっかり英訳が適切かどうかを判断できる課長がどれだけいるかは疑問ですね。だとすると、担当官が英訳を書いて首席事務官（課長に次ぐナンバー2）が決裁して、課長がさらっと見て「これでいこう」という流れではないでしょうか。審議官や局長まで上がることはまずありません。

山岡先生がおっしゃるように、これだけ重要な内容であれば、本来は局長クラスにもしっかり確認してもらう、英語がわかる外務大臣であれば、大臣にもしっかり確認してもらうという姿勢が大事だと思います。この英語の一文一語が日本の国益に大きくかかわるという意識をもって英訳に臨まないといけません。海外に向けてメッセージを出す時は、本当に一言一句が勝負です。

山岡：おっしゃる通りです。だから本当だったら外務大臣が英訳を承認する、あるいは外務大臣本人の英語能力に不安があるなら、英語ができる側近なりブレーンなりと一緒にしっかりチェックしたうえで承認するというプロセスがなければいけないと思います。

しかし、やはり実態はおそらく課長クラスで止まっているんですね。課長クラスの仕事とするには、この種の英訳はあまりにも国益を左右するインパクトがあり過ぎると思います。

「慰安婦は日本軍の拷問で体を八つ裂きにされた?」

山岡：慰安婦問題に関わるようになってから、私は日本の政治家の発言をより注意深く聞くようになりました。そこで感じたのは、自分の発言が英語にどのように訳されうるかを意識して発言している政治家はほぼ皆無だということです。

「政治家なら英語くらいはできないといけない」という意味で言っているのではありません。自分の発言が、英語をはじめとする外国語に訳された時に、誤解が生じないような日本語を選択する必要があるということです。日本語として美しいか、耳触りが良いかはまったく関係ありません。

具体的に言うと、私が問題視しているのは、「筆舌に尽くしがたい痛みと苦しみを味わった慰安婦の方々」のような表現です。

日本人なら特に違和感なく聞き流してしまいそうなフレーズですが、この常套句《じょうとうく》は英語だと「the comfort women who experienced immeasurable pain and suffering beyond description.」のように表現されます。これを私なりに日本語に訳し直すと「計測不能な痛みと表現不可能な苦しみを経験した慰安婦たち」となります。

この英文を読んだ外国人は「いったい日本軍は慰安婦にどんな悪行をしたんだ？　とにかく相当ひどい仕打ちをしたことだけは間違いなさそうだ」と考えることでしょう。つまり、日本の政治家がこの常套句を何も気にせず繰り返すたびに、世界は「日本は過去の蛮行の罪を認めている」と解釈するであろうということです。

日本人同士だと、このメッセージが何か具体的な事実を指しているのではなく、漠然と慰安婦の女性たちが経験してきた苦労や境遇に同情の意を表していることが難なく理解できます。しかし、受け手が外国人だとそうはいきません。

実際、海外のメディアでも日本の政治家がこの「筆舌に尽くしがたい」発言をすると「immeasurable pain and suffering beyond description.」と英訳して報じることがあります。

そして問題なのは、その英訳の発信源が外務省だということです。

つまり、外務省が政治家の発言を文字通り英訳してこれらの自滅的な表現を使い、それを海外のメディアが引用して世界に拡散する構図になっているのです。

外務省の官僚からすると、政治家の言葉を自分たちで勝手に意訳してはいけないとでも思っているのかもしれませんが、その結果として、とてつもない誤解を世界に向けて発信してしまっているのです。

もうひとつ例を挙げると、河野談話にも登場する「心身にわたり癒しがたい傷を負われた」

というお馴染みのフレーズがあります。これを外務省は「immeasurable pain and incurable physical and psychological wounds（計測不能な痛みと治癒不能な肉体的および精神的傷）」と英訳しています。

山上：すごいですね(笑)。まるで体を八つ裂きにされてしまったかのような表現です。ただし、そもそも日本語の選択の段階で、とにかく謝って頭を下げることが肝要だといった日本的受け止め方、そして慰安婦だった女性をいたわりたいといった一人よがりの正義感が溢れた安直かつ結果を考えない無責任な表現をしたことに問題の根源はあります。加えて、英訳でさらにひどくなりました。

山岡：やはりそういう印象になりますよね。日本語では「つらい思い出として頭から離れない」程度のニュアンスですが、「incurable」は「治療不可能、もう絶対に治らない」という意味です。なので、この英文を読んだ英語圏の人たちは「慰安婦の女性は日本軍に拷問されて手足を失ったのか？」などと勘違いしてしまうかもしれません。

ちなみに、同様の表現は2015年の日韓合意における日本政府の声明にも使用されています。

「安倍内閣総理大臣は、日本国の内閣総理大臣として改めて、慰安婦として数多《あまた》の苦痛を経験され、心身にわたり癒しがたい傷を負われた全ての方々に対し、心からおわびと反省の気持ち

を表明する」（日本語版）

「*As Prime Minister of Japan, Prime Minister Abe expresses anew his most sincere apologies and remorse to all the women who underwent immeasurable and painful experiences and suffered incurable physical and psychological wounds as comfort women.*」（英語版）

日本語版だと、我々日本人は特に気にならずに聞き流してしまいますが、やはり英語版を海外の人たちが読めば、山上先生がおっしゃったように「日本軍はいったい何をやらかしたんだ？ 慰安婦の女性たちを八つ裂きにしたのか？」となりますよね。

この英語版を私なりに日本語に訳し直すとこうなります。

「安倍内閣総理大臣は日本国の内閣総理大臣として改めて慰安婦として計測不可能な苦痛に満ちた経験をされ、治癒不能な肉体的および精神的な傷を負った方々に対し、心からお詫びと反省の気持ちを表明する」

オリジナルの日本語版とは、ニュアンスや聞き手に伝わる印象がかなり異なっていることがわかります。

外務省で自滅的な英訳が生まれるカラクリ

山上：もちろん外務省もネイティブ・チェックをかけていないわけがないんですよ。大抵の場合、外務省が雇っている、あるいは契約している英語のネイティブ・スピーカーがこの手の政府発信の英訳をチェックしています。

ただ、私の感覚で言うと、やはり英語のネイティブは「戦勝国の歴史認識」の教育で育っているので、戦前の大日本帝国に対するステレオタイプ的な先入観がある。だから、ニューヨーク・タイムズに代表されるリベラルに受ける表現に傾いてしまいがちです。外務省も、ネイティブ・チェックをかけたからと安心するのではなく、そうした海外の人たちとの感覚のズレを意識しながら、英語による対外発信をしなければいけません。

山岡：本当おっしゃる通りだと思います。だから、日本がまるで過去の罪を認めたかのような、自らの首を絞める自滅的な表現でも、それをチェックしたネイティブ・スピーカーは「この表現でオッケーだよ」と言うと思います。

山上：戦前の日本ならこれくらいひどいことを当然していただろうという先入観、あるいは、日本にはこれくらいの強い反省の言葉を言わせたいという感情が後ろにあっても不思議ではありません。実際、そう思わせる英訳が出てくることはしばしばあります。

山岡：そして、それがそのまま放置されている。英語で驚くべき自滅的表現が使われていたとしても、日本人は誰もそれに気が付かない。だから、我々日本人が認識している世界観と、海外に発信されている世界観がまったく異なり、後者は非常に過激になっている。でも、英訳している人や英訳をチェックしている人たちは、表現的に問題はないと思っている。さらにその英訳を、外務大臣その他のしかるべき責任ある立場の人間がきちんとチェック・承認するシステムもない。極めて恐ろしい状況です。

山上：外務大臣に関して言うと、彼らにはそんな時間もないし、能力もない人が大半だから、あまり期待しては駄目だと思いますよ（笑）。もっとも、山岡先生がご指摘されていることは、役人の機構の中でしっかりやるべき仕事だというのは間違いありません。

山岡：そうですね。外務省の中でしっかりやっていただきたい。

外務省主流派こそ「戦後レジーム」の守護者

山岡：ところで、河野談話、村山談話とともに大きな問題を残したのが、先にも少し触れたアジア女性基金です。

これはひと言で表すと、日本軍の罪を認めてお詫びし、「償い金」を払うことで慰安婦問題を解決しようとした事業ですが、二つの大きな問題点がありました。ひとつは、「歴史認識問題としての慰安婦問題」は反日勢力による情報戦のツールになっている側面が強いので、そもそも謝罪や償いのお金で解決しきれる性質の問題ではないということ。もうひとつは、具体的な事実関係を明確にすることなく、漠然と謝罪や償いのお金を支払う行為は、国際社会では絶対にやってはいけないということです。

案の定と言うべきか、アジア女性基金の償い事業は、肝心の韓国で頓挫してしまいました。韓国には、北朝鮮とつながりを持つ市民団体「挺対協（韓国挺身隊問題対策協議会）」に代表されるように、慰安婦問題が解決すると困る人たちがいるからです。

当初は韓国政府もアジア女性基金を好意的に評価していました。しかし、絶対に和解を阻止したい挺対協などがマスコミを巻き込んで猛烈な反対キャンペーンを展開した結果、態度をコロリと変えて償い事業を批判するようになります。

そして、最初に償い金を受け取った7人の元慰安婦が「カネに目がくらんだ」「日本からカネを受け取れば売春婦だ」と世論から大バッシングされると、韓国政府は、アジア女性基金から償い金を受け取らないことを条件に、元慰安婦に対して独自に現金を支給し始めました。まったく馬鹿げた話ですが、それでもアジア女性基金は、極秘裏にホテルの一室で元慰安婦に償い金を渡すなど、水面下で償い事業を進めていたそうです。

ちなみに、この償い金とともに慰安婦に渡されたのが、当時の日本の総理大臣が平謝りしている「土下座レター」です。

現在、外務省ウェブサイト内のアジア女性基金を紹介するページには、2001年当時の小泉純一郎首相の手紙が掲載されています。

「私は、日本国の内閣総理大臣として改めて、いわゆる従軍慰安婦として数多の苦痛を経験され、心身にわたり癒しがたい傷を負われたすべての方々に対し、心からおわびと反省の気持ちを申し上げます」（日本語版）

「*As Prime Minister of Japan, I thus extend anew my most sincere apologies and remorse to all the women who underwent immeasurable and painful experiences and suffered incurable physical and psychological wounds as comfort women.*」（英語版）

先に紹介した2015年日韓合意の日本政府の声明は、あきらかにこの手紙を「コピー」したものです。再三指摘しているように、こんなものを英語で発信すれば、世界は日本政府が慰安婦の強制連行と性奴隷制度を公式に認めたと理解します。

結局、アジア女性基金は、元慰安婦に総理大臣が平謝りする「土下座レター」と償い金を渡すと韓国の政府と世論から非難され、カネを受け取った元慰安婦もバッシングを受けるという、わけのわからない事業になり果てて終わりました。

しかし、この事業の本質にある謝罪外交の理念とアプローチは、今日にいたるまで日本政府内、とりわけ外務省の主流派にそのまま受け継がれています。

それを思うと、まさに外務省主流派は、GHQのWGIPによってもたらされた「戦後レジーム」を忠実に体現する優等生であり、その枠組みを維持しようとする守護者のようです。

法的な辻褄合わせのために誕生したアジア女性基金

山上：アジア女性基金は法的な辻褄合わせの産物でした。日本政府は、韓国との間の財産・請求権の問題については、1965年の日韓請求権・経済協力協定で「完全かつ最終的に解決済み」という立場です。しかし、当時は問題として認識されていなかった慰安婦問題が吉田証言をきっかけに外交問題にまで発展すると、「女性の名誉と尊厳を深く傷つけるものであった」

という錦の御旗と、韓国政府からの声高な要求に折れて、1993年の河野談話では、確たる資料の裏付けがないにもかかわらず「強制性」を認めてしまった。そして、法的には解決済みであっても、道義的責任があるとして謝罪したわけです。

そういう背景があるから、元慰安婦の救済にあたっても、戦後処理の問題は法的に解決済みであるという国家の立場を崩すわけにはいかない。そこで、「アジア女性基金はあくまでも国民からの募金による〝民間基金〟です」という形で法的な辻褄を合わせ、整合性を確保したのです。

もともと政府の協力としては、基金運営のための事務経費の支出が想定されていたのですが、やがて慰安婦に対する「医療・福祉事業」も政府拠出で行われるようになりました。つまり、純粋な民間基金ではなく、国家補償と混合のような形に変わっていったわけです。

山岡:実際には、民間から集めたお金よりも国庫からの支出の方がずっと多かったのですから、実に馬鹿げた話です。

民間の寄付金は償い金に充て、政府拠出は医療費・福祉事業に名目上分けたところで、お金はお金。日本政府が国民の税金をアジア女性基金に投じていたことに変わりはありません。建前上は民間基金でも、日本政府が金銭面も含めて全面的に支援していたのであれば、アジア女性基金の実態は政府による個人補償だと言えます。

しかも、多額の血税を支出しながら、韓国側の「日本政府は法的責任を回避して、基金を隠れ蓑にしている」などという理不尽な「問題解決阻止の暴論」を甘んじて受け入れる結果となり、さらに総理大臣の土下座レターで「日本政府が慰安婦の強制連行と性奴隷制度を公式に認めた」と世界を誤解させる始末です。何ひとつ慰安婦問題の解決に結びつくような成果を上げられず、むしろ状況をより悪くしてしまいました。

「モラル・ハイグラウンド」に立って国益を失う

山上：かつて条約局長を務め、日韓の厳しい条約交渉にも臨んできた故松永信雄元次官はこのアジア女性基金の解決方式に懸念を隠さなかったと聞いたことがあります。松永元次官は1965年当時、条約課長として日韓請求権・経済協力協定の交渉を担当して合意に導いた方ですから、未来に向かって法的安定性を確保したと考えていた当事者からすれば、法的辻褄合わせのアジア女性基金を問題視したのも当然だと思います。

一方、日韓間の目の前の大きな懸案を解決することに汲々としていた外務省や日本政府の幹部たちは、国際世論の圧力に抗うのは無理筋だと諦め、解決を急ぎました。

「女性の尊厳を損なった人道犯罪」や「法的責任は解決済みでも道義的責任はある」といった

言説は、もともと日本の責任を追及する側が唱えていたお題目です。しかし、いつの間にか外務省の人間までそれを口にするようになり、謝罪外交を正当化する口実として使われるようになりました。

はっきり言って「道義的責任」まで認めてしまうと際限がなくなってしまうのですが、外務省の大半の人間は「植民地支配」「女性の尊厳」「強制連行」といったキーワードをちらつかされると、すぐに観念してしまいます。反論する気力も消えてなくなる。それどころか、彼らの間では「モラル・ハイグラウンド（道徳的高み）」に立つという議論がしばしば展開されていました。「国際慣行を見れば、他の国はなかなか自国の行為について謝罪しようとしない。平和憲法を掲げる日本のような国は、率先して謝罪し、世界に向けて範を垂れるべきだ」という理想主義的な考え方です。

谷野作太郎元中国大使をはじめとする外務官僚がこの手の理屈をどれだけ唱えようが、それが個人的な考えに留まるのであれば、「気のすむまで謝罪行脚してください」でかまわないと思います。しかし、それが国家としての尊厳を損ない、政府の資金拠出や個人の経済的負担を強いるようになるなら、話はまったく別です。

実際、当時の外務省ではアジア女性基金の資金源にするために、すべての省員に対して奉加帳を回し、募金を求めていました。私の等級では1人10万円ほどの寄付が求められていたと記憶していますが、私はアジア女性基金の問題解決方式にまったく賛同できなかったので、一切の寄付を見送ることとしました。

山岡：百歩譲って、そのような謝罪外交のアプローチで相手が納得し、問題が解決に向かうのであれば、外務省のやり方にも一理あるかもしれません。しかし、現実の状況は悪化する一方です。

国際社会では「弱い」と見做されたら徹底的に攻撃されます。塹壕の中で頭を抱えてじっと耐えていれば、いずれ攻撃は止むと考えるのは間違いです。一発も撃ち返してこないとわかれば、相手は頭上から爆弾を雨あられと落としてきます。「日本人は謝りたくて仕方ないらしい。何を考えているのかよくわからないが、チャンスだから徹底的に利用してやろう」と考え、日本を支配下に置くまで攻撃を止めません。それが世界の現実です。

国会答弁的なメッセージを英訳する弊害

山岡：ちなみに、過去に外務省は、南京大虐殺に関する英語の発信でも似たようなことをやらかしていました。

外務省のウェブサイトには「歴史問題Q&A」というページがあり、その中に「南京事件に対して、日本政府はどのように考えていますか」という質問があります。その答えの一部に次の文章があります。

「日本政府としては、日本軍の南京入城（1937年）後、非戦闘員の殺害や略奪行為等があったことは否定できないと考えています。しかしながら、被害者の具体的な人数については諸説あり、政府としてどれが正しい数かを認定することは困難であると考えています」

「非戦闘員の殺害はあった。でも、被害者の人数はわからない」という虐殺説・虐殺否定説の両方の主張に言い訳ができる表現です。もっとも、これを読めば「「非戦闘員の殺害＝虐殺」と解釈する人もいるでしょうから、日本政府が虐殺の事実を認めていると誤解されかねません。だから、日本語版にも問題があるのですが、英語版はもっとひどかった。

「*The Government of Japan believes that it cannot be denied that following the entrance of the Japanese Army into Nanjing in 1937, the killing of* ***a large number of*** *noncombatants, looting and other acts occurred. However, there are numerous theories as to the actual number of victims, and the Government of Japan believes it is difficult to determine which the correct number is.*」

現在の英語版では削除されていますが、過去の英語版では、日本語版の「非戦闘員の殺害や略奪行為等があったことは否定できない」にあたる箇所の「noncombatants（非戦闘員）」という単語の前に「a large number of（大勢の）」が付け足されていました。

これは本当にひどい。確信犯としか思えません。日本人以外の世界の人たちは英語版を読むわけですから、その人たちに対して「大量虐殺」をイメージさせるような表現、日本語版にはなかった表現を、わざわざ英語版にだけしれっと書き加えていたのです。

山上：南京事件については、日本政府も虐殺があったとは認めていないので、それを説明する際には、日本語でも英語でも、「虐殺（Massacre）」という言葉を使っていません。中国側は日本軍が30万人に及ぶ中国人を南京で虐殺したと訴えていますが、その議論には与《くみ》していないわけです。

だから、この日本政府の回答は「虐殺などなかった」と主張する日本の保守派の声に配慮して「虐殺」に関しては認めない一方、「非戦闘員の殺害・略奪行為」の発生を明示的に認めることで、「虐殺があった」という左派や外国勢力に配慮したものになっています。そのうえで、市民が亡くなったことへの哀悼と反省の気持ちも表明するという、いかにも国会答弁的なラインに仕上がっています。

しかし、こんなものは私に言わせれば蒟蒻《こんにゃく》問答です。

右と左のバランスをとろうとした国会答弁で対応しようとするから、英訳にした途端に、わけがわからないことになる。だから、そこにちょっと〝色〟をつけて、わけがわかるようにする、ちょっと踏み込んだ表現を使う。その結果、日本を批判する側に迎合するような英訳になってしまう。歴史問題に関しての英語の発信ではこのようなパターンの失敗が繰り返されています。

無味乾燥な説明ではなくトーキング・ポインツを工夫せよ

山上：もう少し踏み込んだ話をすると、「南京入城後の非戦闘員の殺害や略奪行為を否定できない」という類の発信は、当時の特殊な事情を無視した公式論の世界のものです。要するに、表のメッセージに過ぎません。

当時、中華民国の首都・南京はどのような状況下にあったのか。

攻め手の日本軍による度重なる降伏勧告にもかかわらず、中国側（中華民国）の司令官・唐生智は降伏することなく、なんと部下の兵を置き去りにして敵前逃亡し、中国側に大混乱が生じていました。

そして、そのような軍隊として極めて恥ずべき事情を受けて、多くの中国兵は、日本軍に降伏せず、軍服を市民服に着替えて逃亡したり、抵抗を続けたりしました。軍服を脱ぎ捨てて一般市民に偽装した兵士、いわゆる「便衣兵」になったわけですね。

また、戦線から離脱しようとする中国兵を中国の督戦隊（自軍を監視する部隊）が後方から銃撃するという問題も起きていました。

このような特殊な現場の状況、戦場の混乱をしっかりと説明しなければ、1937年当時の南京で何が起きていたかを現代の人たちが理解することはできません。

専門家が累次にわたって明らかにしてきた通り、南京で悲劇があったとすれば、「虐殺」にあたるような平時の逸脱行為ではなく、混乱を極めた戦地の市街地における戦闘行為に基づくものです。そのような市街地での戦闘行為が民間人を巻き込みかねないことは、古今東西共通の問題です。イラク戦争の際にバグダッド入りした米軍も直面した問題です。

だから、南京事件について日本政府が発信する際には、公式論で「非戦闘員の殺害や略奪行為を否定できない」と無味乾燥に説明するのではなく、当時の南京の特殊事情も併せて説明する必要があります。

さらに、それを「自国の立場だけ正当化している」との印象にならないよう配慮しながら、TPOに応じて国内外に発信できる能力を日本政府は身に付けないといけません。もちろん、その際には適切な英訳も求められます。要は、TPOに応じた発信の仕方とともに、トーキング・ポインツ（主張を裏付ける論点）も工夫しましょうということですね。国際場裡《じょうり》では、日本流の奥歯にものが挟まったような国会答弁的ラインでは、意味が不明瞭で通用しません。「大虐殺があった」と声高に喧伝して回る中国側のキャンペーンに対抗しうる有効な反論にはならないわけです。それでは歴史戦に勝てるわけがありません。

「戦後談話」はもういらない

山上：もうひとつ、歴史戦の観点で注意すべきは、２０２５年の「戦後80年」ですね。戦後50年の村山談話、戦後70年の安倍談話に続いて、余計な談話を出さないことに尽きます。

山岡：安倍談話も議論の余地を残しましたからね。

山上：日本の保守派は２０１５年の安倍談話によって村山談話を完全に「上書き更新」することを期待していました。しかし、結果としては、その点がすごく曖昧な談話が出てきました。

安倍談話は「あの戦争には何ら関わりのない、私たちの子や孫、そしてその先の世代の子供たちに、謝罪を続ける宿命を背負わせてはなりません」と従来の謝罪外交を止める姿勢を明確にしています。しかし一方で、「我が国は、先の大戦における行いについて、繰り返し、痛切な反省と心からのお詫びの気持ちを表明してきました。（中略）こうした歴代内閣の立場は、今後も、揺るぎないものであります」という記述も盛り込んでいます。要するに、安倍談話も結局は左右のバランスをとった国会答弁的な内容に落ち着いてしまったわけです。

その結果、2015年以降も歴史問題が起こるたびに村山談話に回帰してしまう、あるいは安倍談話が引用される場合でも「歴代内閣の立場は、今後も、揺るぎない」という部分に力点が置かれ、村山談話を二度塗りして強調する材料に使われることになりました。少なくとも、外国ではそのような引用の仕方がなされています。

私が駐豪大使に転出する直前に受けた外務省の研修でも、歴史問題についての講義で講師が安倍談話の抜粋に言及し、「痛切な反省と心からのお詫び」と「歴代内閣の立場は、今後も、揺るぎないものであります」の部分のみをハイライトして受講生である大使たちに示していました。さすがに私は「〈謝罪を続ける宿命を背負わせてはなりません〉のくだりがむしろ安倍談話の主眼ではないのか」と問題提起したのですが、それに対する反論はなかったですね。

要は、安倍談話が出たところで、この講師のように、問題が起こるたびに「すでに謝罪しています」と安易に村山談話に回帰する外務官僚の性癖は変わっていないわけです。それを踏まえれば、もう談話は打ち止めにしていいと思います。言い換えれば、村山談話なるものに歴史的使命があったとすれば、それはとうに終わったのです。

山岡：「戦後80年談話」なんて別に出す必要ないですよ。

山上：どうせろくなものにならないですからね。もし「また謝るの？」という内容になろうものなら、もう本当に国民から愛想をつかされますよ。謝罪主義者の岸田首相が退きそのような危険が低くなったと期待しますが、石破政権が愚策に溺れないよう注意して見ていく必要があると思います。

ファクトベースの議論が広がってきた慰安婦問題

山上：一方で近年、慰安婦問題に関して隔世の感を覚えているのは、アメリカのハーバード大学ロースクールのマーク・ラムザイヤー教授や、韓国の李栄薫《イヨンフン》元ソウル大学教授が「慰安婦は性奴隷ではなかった」と公の場で堂々と繰り返し主張するようになったことですね。ひと昔前に日本人がそれを言ったらすごい炎上騒ぎになっていそうな主張を、今やアメリカや韓国の学者がしています。そういう意味では、しっかりと議論を積み重ねていけば歴史に関する問題も正常化しうるし、最後は事実に基づく議論ができるようになる。やはり諦めずに、地道に努力を続けていくのが大切なんだという、ひとつの励みをいただいた気がします。

マーク・ラムザイヤー教授 ©産経

山岡：慰安婦問題に関する学術研究の成果は目覚ましいものがありますね。それこそ長い間、一部の日本の研究者が、日の目をあまり見られないなか、非常に地道に頑張ってこられました。そこへラムザイヤー教授や李栄薫教授といった方々が、それぞれの立場からファクトベースの検証をされて、結果的に慰安婦性奴隷説を否定してくれたことは、本当に大きな前進です。

私自身の経験に照らしても、学術レベルの議論と、活動家の人たちのレベルの議論は分けて考える必要があります。

はっきり言って、反日活動家の人たちにとっては、事実なんて関係ない。事実なんて無視で、とにかく日本を攻撃したいという一心です。その結果、史実とはかけ離れた、ある種の「ファンタジー」をつくってしまう。

そのファンタジーにまともに付き合ってくれるのは、日本だけです。中国にそれを言っても、ぶん殴られて「倍返し」されて終わりですからね。だから、日本人に向けたファンタジー、「被害者のストーリー」づくりに集中する。

彼らにとってファクトなどというものは、むしろ邪魔でしかありません。どのような学術研究の成果が出てきても、一切見ないし聞かない。自分たちの頭の中にある「被害者のストーリー」

だけが真実だというファナティック（狂信的な）な世界があるわけです。

そもそも、韓国人が吉田清治の荒唐無稽な話を信じ込んだ背景には、日本人があまり知らない朝鮮半島の歴史が関係しています。

朝鮮半島の諸王朝は、中国歴代王朝に朝貢する属国であり、大勢の若い女性たちを貢物（貢女）としてたびたび差し出していました（例：元・明）。また、李朝の王が自ら淫蕩にふけるために女性を徴発することもしており（例：燕山君１４９４〜１５０６）貢物の女性たちを集めることを任務とする、採紅使（チェホンサ）、採緑使（チェロクサ）、または採青使（チェチョンサ）という役人までいたそうです。採紅使は美人を集める役職で、採緑使や採青使は美人になりそうな女児を集める役職でした。つまり、王朝の命令で、文字通り半島中から美女や処女を拉致して集めていたわけです。優秀な成績をあげた役人には爵位や土地、奴婢が与えられたため、彼らの行状はどんどんひどくなりました。

要するに、朝鮮半島にはそうした悲惨な「強制連行」と「性奴隷」の長い歴史があったからこそ、人々は吉田清治の与太話を聞いて「日本は35年間も朝鮮半島を支配していたのだから、日本人も当然、かつての中国や朝鮮の王朝と同じことをしたに違いない」と考えてしまう下地があったというわけです。私はそのことを日韓併合時代の朝鮮半島で育った韓国系アメリカ人の方から教えていただきました。

歴史の評価に相対性の物差し

山上：非常に重要なお話ですね。加えて言うと、問題視されている日本の「侵略」や「植民地支配」については、当時の他の国と比較してどうだったのか、世界標準で見てどうなのか、という相対的な視点でも議論・評価する必要があると思います。日中や中韓という二国間のプリズムで見ていると、そうした比較はできません。

その観点で言うと、日本の植民地統治は、弱肉強食の帝国主義・植民地主義の時代にあって、ものすごく「日本人のお人好しぶり」が出ていると思います。朝鮮半島統治にしても、台湾統治にしてもそうです。イギリスやオランダなど、当時の他国の一般的な植民地統治のように、植民地から搾取するという発想ではありません。どちらかというと、今でいうところの人種や民族の多様性を前提とする「インクルーシブ（包括的）」な発想の植民地統治でした。だから、朝鮮半島でも、現場の警察官はみんな朝鮮人でしたし、優秀な朝鮮人の学生は、例えば朴正熙《パクチョンヒ》元大統領もその一人ですが、大日本帝国を支えるエリート養成機関である陸軍士官学校の入学まで認められたわけです。

また、台北にもソウルにも帝国大学をつくっていますが、この発想も、大英帝国のような他の国の植民地統治にはなかったものだと言えます。

これは別に良い・悪いの話ではなく、「日本の植民地統治は素晴らしかった」と居丈高に過去を正当化しているわけでもありません。日本の植民地統治が西洋諸国と比較して「異質」だったという事実を述べているだけです。

そうした事実を踏まえたうえで、日本の反省点や失敗を大きな歴史の流れの中で把握し、今後の意思決定や対外発信に活用していくことが大切だと思います。

また、西洋諸国の植民地統治と比較するだけではなく、日本の植民地同士の比較、例えば、なぜ台湾統治が今日の台湾人の親日感情につながり、朝鮮半島統治が韓国人の反日感情につながったのかを比較してみることも、大きな勉強材料になるはずです。

歴史を紐解けば、分水嶺として桂・タフト協定（1905年7月、桂太郎首相が米国大統領特使ウィリアム・タフト陸軍長官と交わした秘密協定）があります。これにより、アメリカのフィリピン統治と日本の朝鮮半島（大韓帝国）に対する宗主権をお互いに承認し合い、イギリスもそれを認める形で日本の朝鮮半島統治が始まりました。要するに、朝鮮半島がロシアと中国（清王朝）の間でフラフラと揺れ動いているから、そんな危険な状態で放置するよりも朝鮮半島を日本に任せた方がいいというのが、当時のアメリカとイギリスの受け止め方だったわけです。

歴史は万華鏡のようにいろんな側面を持っています。ひとつの面だけを見て、良し悪しを断罪するのは、往時を生きた先人の労苦を顧みない、歴史に対する非常に僭越な態度だと思います。だからこそ、私は河野談話・村山談話的なアプローチにはまったく賛同できません。

歴史問題を外交問題化させる時代はもう終わりにして、そろそろ冷静に歴史を振り返って、地に足のついた議論をしていくべきです。

なぜ日本国民は日韓併合に反対だったのか？

山岡：そもそも日清戦争後、朝鮮を「大韓帝国」にして中国（清）から独立させてみたものの、結局のところ韓国が全然独立できなかったんですよね。日本から財政支出その他いろいろな形で韓国を支援したけれども、どうにもこうにもならない。だから、いっそのこと日本と韓国を併合しようという話になったわけです。

しかし、その日韓併合に関して、当時日本国内でかなり反対の声がありました。要するに、「日本自体も何とか近代化して、やっと西洋列強に追いつこうとしているところなのに、なんでわざわざ他の国の面倒を見なきゃいけないんだ。そんな余裕、あるわけないじゃないか」という議論がありました。

実際問題、例えば東北地方は、日本の近代化以降も非常に貧しい状態で取り残されていました。同じ日本国内の東北地方がそういう状況なのに、なぜ朝鮮半島には帝国大学を建て、鉄道を敷いて、病院を建てるのか。国民の間からそうした反対の声が出てきたのも当然だと思います。

日韓併合の実態は、欧米人がイメージする植民地支配ではなく「内地化」です。すなわち、日本本土の制度やインフラをそのまま朝鮮半島にも広げていったわけです。英語で言うと「アネクセーション（annexation）」であって、欧米で言うところの植民地化、「コロナイゼーション（colonization）」とは根本的に違うのだという点をまず明確にしないといけません。これも山上先生がおっしゃったように、良い・悪いの話ではなく、日本を正当化しているわけでもなく、単純に歴史的な事実としてそうだったということです。

実際のところ、朝鮮半島を内地化するために日本が莫大な投資をしたことは、欧米の感覚からすると、まったくもって稚拙で意味不明な植民地統治だったと思います。そういう認識も日本人としては持っておかないといけない。

むしろ私に言わせると、当時の日本は韓国を併合する前にまずはしっかりと国内を整備すべきでした。朝鮮半島への投資を優先した結果、東北地方は辛酸を嘗めることになり、東北地方の農村の貧しさが二・二六事件にもつながっていくわけですからね。当時、私が生きていたらおそらく日韓併合に反対していたと思います。

「戦後」はもはや「明治維新〜終戦」より長い

山岡：歴史を振り返ると、江戸時代が264年続いた後、明治維新によって1868年に大日本帝国が誕生しました。その大日本帝国は1945年の終戦によって事実上崩壊します。つまり、大日本帝国が存在していた期間は約77年です。そこから戦後の日本がスタートするわけですが、2025年が「戦後80年」ということは、明治維新から第二次世界大戦終了にいたるよりも長い年月がすでに経過していることになります。

大日本帝国の時代には、日清戦争もあれば、日露戦争もあり、さらには二度の世界大戦まで経験しました。そして、第二次大戦より前の戦争については、それぞれしっかりとけじめをつけています。

それを思うと、戦後の日本はいつまで80年前に終わった戦争を引きずっているのか。先ほどの話でいうと「この期に及んでまだ戦後の談話を出すのですか？」という感じですね。

山上：その視点は非常に大事です。確かに日本は大東亜戦争に負けて敗戦国になりました。しかし、戦後の歴史をよく見ると、日本はある意味で戦勝国でもあります。戦後の日本が何に勝利したのかというと、西側諸国の一員として冷戦の勝者になりました。その後も、負けるような戦争には一切関わっていません。

こうした展望に立てば、いい加減その時計の針を1945年で止めておくのではなく、もっと先に進める必要があります。そして、「今そこにある危機」に対応する心構えにギアチェンジすべきです。いつまでも過去に縛られ、歴史問題であぁでもないこうでもないと騒いで振り回されている場合ではありません。

私が思うに、歴史問題に関連して世界では今、大きなパラダイムシフトが起こりつつあります。

2022年2月のロシアによるウクライナ侵攻を機に、グローバル化を標榜していた冷戦後の曖昧な時代は終わりを告げました。思い返せば、冷戦終了後、冷戦の敗者たる共産主義陣営のロシアや中国のWTO加盟や、G7にロシアを加えてG8に拡大するなど、自由主義陣営（西側諸国）は法の支配に基づく国際秩序に中国・ロシアを取り込もうと努力を重ねてきましたが、結局のところ、ロシアも中国も、自由と民主主義という基本的価値を共有することはなく、力と脅迫によって現状を一方的に変更しようとしています。それどころか、ウクライナ侵略や東シナ海・南シナ海での攻撃的な姿勢に顕著に表れているように、第二次大戦後の国際社会の基本原則とルールを無視する行動が明らかになってきました。

このような状況下で、今もなお大東亜戦争にまつわる歴史問題で日本を激しく攻撃しているのが、北朝鮮の強い影響下にある韓国の左派を除くと、中国・ロシア・北朝鮮という強権的な権威主義国家・独裁国家です。

この事実が意味するところは何か。

まさに80年前の戦争で何が起きたかよりも、今目の前にある喫緊の課題・脅威にいかに対応すべきかが問われているのです。

もちろん過去を振り返って、どこで戦略的な間違いを犯したか反省することは大切ですが、現実を見れば、さらに大きな問題がもう目の前に迫っています。今の日本には、後ろだけを振り返っている余裕などないですよね。しっかりと前を見ないといけません。

山岡：山上先生がおっしゃっている、後ろを振り返ってばかりいないで、前を向いて今ある問題に対処すべきだという姿勢こそが、まさに「戦後レジームからの脱却」の意味だと思います。

マッカーサーに「12歳の少年」と馬鹿にされた日本人

山岡：日本の敗戦に関して言うと、原爆や空襲で本土を焼け野原にされたという物理的な敗北もさることながら、精神的な敗北も非常に大きいものでした。それを象徴するエピソードとして、大真面目に「マッカーサー神社」を建てようとしていたという話があります。

山上：東郷神社、乃木神社に加えてマッカーサー神社ね（笑）。ちなみに私は、環状2号線を「マッカーサー通り」とタクシーの運転手さんが呼ぶたびに窘《たしな》めています（笑）。

山岡：ちなみに、「マッカーサー神社」というのは当時計画されていた「マッカーサー記念館」という施設の俗称であって、いわゆる日本の神社のような宗教的なものではないという話もありますが、そんな些細なことは問題の本質ではありません。神社であれ、記念館であれ、敗戦直後の日本人がマッカーサーを崇拝してしまうほど精神的に敗北していたことが問題です。

マッカーサー神社を計画していた日本人たちは、GHQの許可を取って、場所まで決めていたそうですが（三宅坂の参謀本部跡）、そうこうしているうちにマッカーサーがトルーマン大統領に罷免されて、朝鮮戦争中にアメリカに帰国することになりました。

帰国後、マッカーサーはアメリカ議会で演説し、そこで有名な「日本人は12歳」発言をします。「私の日本統治は歴史上稀に見る大成功だった。他にはジュリアス・シーザーぐらいしか敵国の統治に成功した例がない。一度民主主義を享受した日本がアメリカ側の陣営から出ていくことはない」と自慢するマッカーサーに、ロング上院議員が「あなたはそう言うが、ドイツも第一次大戦後、ワイマール憲法で非常に民主的な体制になった。しかし、その後、ヒトラーに熱狂したという事実がある。日本人もそうならないとは限らないのではないか」という主旨の質問をしました。すると、マッカーサーは「ドイツと日本とでは全然違う。ドイツ人は文明の発展過程を考えると、我々と同じ45歳くらいの年齢に達している成熟した人種だ。だが日本人は、アメリカ人だったら赤ん坊でも知っている民主主義を教えてもらって喜んでいる最中であり、12歳の少年のようなものだ」という主旨の答えを返したのです。

アメリカ人の感覚で言うと、12歳というのはつまり、反抗期にも入っていない少年少女、ティーンエイジャーにもなっていない段階の精神成熟度合いです。要するに、ドイツ人は分別のある大人として、自分たちの損得勘定を熟考したうえで、国際秩序に逆らって戦争を行ったのに対して、日本人は分別のない状態で戦争を行った。その子供をしっかりと俺がしつけてきたからもう大丈夫。日本人が元に戻ることはない、というわけです。

オーストラリアに脱出した直後のマッカーサー一家（1942年）

山上：屈辱的ですね。大日本国帝国憲法のもとで、大正デモクラシーなど一定の民主主義が自発的に根付いていた日本の歴史への無知と日本人の民度への軽侮を示すものでもあります。

山岡：この「日本人は12歳」発言が日本に伝わると、日本人のマッカーサー熱も一気に冷めてしまい、マッカーサー神社の話も消え去りました。それでも首相の吉田茂は「マッカーサー元帥は日本が民主主義の過程においては未熟だから指導していると言っているのであって、日本人全体を貶めていたわけではない」と必死に弁護しますが、さすがにそこまで馬鹿にされると吉田の詭弁《きべん》は通用しませんでした。

「敗戦利得者」吉田茂の本性とは？

山岡：日本では、吉田茂や白洲次郎が占領軍と対等に渡り合って日本の国益を守ったという「神話」が定着していますが、そんなものは大嘘です。本当に占領軍とタフな交渉をしていた人たちは公職を追放されてしまいました。吉田はマッカーサーに対して極めて従順で隷従していたからこそ、何度も総理大臣を務めることができたのです。しばしば「戦後復興の筋道をつくり上げた男」などと持ち上げられることもありますが、むしろ「戦後日本の対米追随路線を確定し、日本をアメリカの植民地に固定した男」として認識されるべきでしょう。

山上：つまるところ、吉田茂は「敗戦利得者」だったということですね。

山岡：まさにそういうことです。吉田はマッカーサーが帰国する際にはこんな手紙まで書いています。

「あなたが、我々の地から慌ただしく、何等の前触れもなく出発されるのを見て、私がどれだけ衝撃をうけたか、どれだけ悲しんだか、あなたに告げる言葉もありません」

まるでラブレターですよね（笑）。

山上：戦前・戦中は軍部や特高（特別高等警察）にイジメられていたけれど、敗戦によって軍部という「重し」「目の上のたん瘤」がなくなると、外務官僚出身でありながら総理大臣までやらせてもらえた。要するに、占領期に旧軍人がみんなパージされて「力の真空状態」ができたから、吉田は重光、有田などの元外交官と同様に地位と権力を得られたわけですよね。そして、おそらく「日本に軍隊なんてなくても、米軍に守ってもらえばいい。昔、俺をイジメたような軍人を復活させてたまるか」という発想から、自衛隊を軍隊にするという考えもなかったのでしょう。その意味では、吉田がどこまで日本の国益のことを考えて戦略的に動いていたのか、そろそろしっかりと歴史の検証にさらされるべきだと思います。

山岡：私もまったく同意見です。外交官や首相の立場にある人間は、国益のためなら時には自分が嫌いな相手とも冷静に交渉する必要があります。しかし、吉田は、外交官時代も、首相になった後も、国益より自分の好き嫌いを優先させる行動をとっていました。

中華民国の奉天総領事館で総領事を務めていた頃、吉田は、当時満州を支配していた軍閥の張作霖から食事に招かれたことがありましたが、張が用意した豪華な食事に一切手を付けず、顰蹙《ひんしゅく》を買っています。

また、戦後には、日韓の冷たい関係を心配した連合国最高司令官のマーク・W・クラークの取り計らいで、来日した李承晩《イスンマン》（韓国初代大統領）と対面しましたが、李を嫌っていた吉田はまったく会話をしようとしませんでした。それどころか、首脳外交として自分が行くべき韓国への返礼訪問も外務大臣の岡崎勝男に押し付けて、李を激怒させています。李はこの一件をきっかけに、すでに開始していた反日教育をさらに徹底するようになりました。

当時のタイミングで吉田が李としっかり交渉できていれば、いわゆる李承晩ラインをめぐって起こった日韓の漁業問題や竹島問題を首脳外交で解決しうる絶好のチャンスでした。しかし、吉田は国益よりも個人的な感情を優先させて、ろくに交渉しなかったばかりか、無礼な振る舞いで韓国を極端な反日に走らせてしまったというわけです。

積極的にアメリカの「属国」になることを望んだ日本の保守本流

山岡：山上先生がご指摘されたように、吉田は徹頭徹尾、再軍備を嫌っていました。

終戦直後のGHQの占領政策は、日本の弱体化・非武装化に重点が置かれるなど、かなり左翼的なものでした。しかし、朝鮮半島で戦争が始まると共産主義との対決が避けられなくなると見たマッカーサーは、1950年1月に「憲法9条は自衛権を否定したものではない」と述べ、同年6月の朝鮮戦争開戦直前に来日した米国務長官ジョン・フォスター・ダレスもはっきりと首相の吉田に日本の再軍備を要請しました。

ところが、吉田が再軍備を頑なに固辞し、米軍の駐留継続を望む一方だったので、ダレスは仰天したそうです。米軍の駐留継続を希望するということは、日本が非武装のままでは危ないという認識のはずなのに、再軍備はしたくないと主張したのだから、ダレスが驚いたのも当然でしょう。

吉田の言い分は「日本は経済的に軍隊を創設する余裕がない。日本国民も再軍備に反対している」というものでした。しかし、自主防衛を拒否して戦勝国の軍隊の駐留継続を望むというのは、「あなたの属国にしてくれ」という意味です。吉田の姿勢に呆れたダレスは「まるで不思議の国のアリスになった気持ちだった」という言葉を残しています。

朝鮮戦争が始まると、日本国内でも危機感が高まり、世論も再軍備に賛成し、米軍の駐留継続に反対する声の方が上回っていました。当時の日本人の方が今よりずっと健全なバランス感覚をもっていたと思います。

占領軍は占領が終了したら引き上げるのが国際法の常識であり、ポツダム宣言にもそのように記されていました。だから、日本側から要請しない限りは、米軍側から駐留継続を決めることはできなかったわけです。しかし、吉田は「我々は軍事的なコミットメントは一切しないので、どうぞ日本の占領を続けてください。基地も自由に使ってください」とお願いしました。一方、米軍も朝鮮戦争で激しく戦っている最中であり、そのタイミングで日本から撤退するのは現実的ではありませんでした。

こうして両者の望みが一致した結果、1951年9月8日、サンフランシスコ講和条約と同時に日米安全保障条約（旧安保条約）が結ばれます。まさに日本の永続的な対米追随路線、属国化が確定した瞬間でした。ダレスはこの条約を「アメリカは、望む数の兵力を、望む場所に、望む期間だけ駐留させる権利を確保した」と評しています。

もっとも、日米安保条約の前文には、この取り決めは暫定措置であり、アメリカは日本が独自の防衛力を構築することを望むとも明記されていました。

要は、アメリカ側も日本に当たり前の自立心・独立心・プライドがあれば、そのうち日本も再軍備して自己防衛力を高めていくだろうと考えていたわけです。実際、当時の日本国民の大多数は再軍備に賛成していました。問題は、その後も日本の政権が「敗戦利得者」吉田の対米追随路線にけじめをつけることなく、事実上アメリカの属国のまま今日までいたっていること

サンフランシスコ講和条約調印式　©産経

です。吉田も晩年になって後悔したと書き残しているそうですが。

山上：その吉田の流れをくむ人たちが自民党内にあって「保守本流」と称しているという〝ねじれ〟が何とも皮肉ですよね。世界標準で見て、親中、中道左派の彼らが保守本流なわけがない。他国の軍隊に自国の安全保障を任せている人たちが、どの面下げて「保守」と言えるのか。

アメリカが攻撃された時、日本に反撃する覚悟はあるのか

山岡：結局、日米安保条約は、アメリカが日本の占領状態を継続するための条約になりました。ただ、条約はあくまでも枠組みですから、詳細は別に決める必要があります。その詳細な取り決めを行ったのが、安保条約第3条に示された日米行政協定です。

日米行政協定は吉田茂の側近の岡崎勝男とアメリカ側の交渉担当者ディーン・ラスクによっ

て、国会審議を経ることなく東京で署名されました。要するに、国民が知ることなく結ばれた密約だったわけです。

その結果、占領期から米軍などによって接収されていた区域や施設などについて、特段の取り決めがなされない限り、合意がなくても、そのまま米軍が利用できることになりました。

この日米行政協定は、サンフランシスコ講和条約および日米安保条約と同日の1952年4月28日に発効しました。つまり、日本の主権回復と独立は、最初から完全な〝まやかし〟だったわけです。

その後、1960年に日米安保条約が改訂され（新安保条約）、それに伴って日米行政協定も「日米地位協定」に名前を変えますが、本質は変わっていません。日本の国会やアメリカの議会における詳細についての審議を経ることなく、外務省と国務省で決められたものでありながら、「在日米軍の円滑な活動を確保する」という名目でさまざまな米軍の特権・免除が盛り込まれています。これにより、在日米兵が日本で公務外で犯罪行為をしても、起訴前の日本側への身柄の引き渡しが難しくなるなどの問題が生じました。1995年の「沖縄米兵少女暴行事件」はそれを象徴する出来事としてよく知られています。沖縄に駐留する米兵3名が小学生女子を拉致・集団強姦する重大な犯罪行為をしたにもかかわらず、日米地位協定の取り決めに基づき、実行犯3名の身柄が日本に身柄を引き渡されなかったという事件です。

もちろん、こうした悲惨な事件を経て、たびたび日米地位協定の運用の改善が試みられてきました。しかし、現状はまだ対等な国家間の取り決めにはほど遠いというのが、私の認識です。日米が本当に対等な関係、健全な同盟関係なら、とっくの昔に日本側から「日米地位協定の取り決めは明らかにおかしいからもう止めよう」と言い出すべきなのに、今日にいたるまでそれができていません。たとえ同盟関係にある国でも、言うべきことは言う、正面から堂々とぶつかっていくのが、独立・自立した「一人前の国」です。先ほど山上先生がご指摘されたように、アメリカとは丁々発止で物を言える仲にしておくことが、健全な同盟関係を築いていくうえでも大切だと思います。

山上：ただ、それは同時に日本側も同盟国としての役割をもっと果たしていかなければいけないことを意味します。防衛費をGDPの2％にしたくらいで済むような話ではありません。中国・北朝鮮・ロシアという3つのならず者国家、しかもみんな日本に対する敵意をあらわにし、核兵器を持っている権威主義国に備えて、日本の安全保障を確保していくには、やはり日本自身がもっと汗をかく必要があります。

日米安保体制が片務的だから改善すべきだと言うのなら、まずは憲法9条をしっかり改正して、日本が集団的自衛権を完全に行使できるようにすべきです。ニューヨークやロスが攻撃された時には自衛隊が反撃に行くという覚悟でやらないと、日米地位協定の見直し、改正は掛け声だけで終わってしまいます。

では、実際にアメリカがやられた時、日本は出ていく覚悟があるのか。

つまるところは、そこですよね。本当の意味で双務的な同盟関係、健全な同盟関係にしたいのであれば、アメリカとイギリス、アメリカとオーストラリアのような同盟関係にする必要があります。

実際、オーストラリアは、9・11の同時多発テロでニューヨークの世界貿易センタービルが攻撃された時には、当時のジョン・ハワード首相がANZUS条約（オーストラリア、ニュージーランド、アメリカ間の安全保障条約）の発動を決め、アメリカを助けるために、艦艇、航空機、特殊部隊などを派遣しました。

この決断ができる政府のトップが今の日本にいるでしょうか。

そもそも、現状は憲法上の制約からもそれが難しいですし、限定的集団的自衛権行使の細々した要件が守られない限りは、日本としては集団的自衛権を発動できませんからね。

すると結局、日本が攻撃された時にはアメリカに助けてもらうという、実質片務的な体制になるので、やはり日米地位協定を維持して日本に米軍を駐留させなければいけないことになります。

もちろん、アメリカに対する積年の思いが日本の保守陣営にあるのは、私も十分に理解できますし、共感もします。しかし、もう今の時代、目の前にある危機を前にしては、その思いを一旦横に置いて、「アメリカの力を最大限に活用して日本の平和と繁栄を守っていく」という考えに切り替えるべきです。

日本がアメリカの指図を受けて云々ではなくて、日本が主体的にアメリカを使っていく。台湾有事に際しても、日本がアメリカを巻き込んでいく。それぐらいの発想で臨むことが大事だと思います。日本の置かれた厳しい戦略環境を踏まえると、独立自尊の精神さえあれば今日からいきなり自主防衛でやれるのかというと、そんなことはありえません。核兵器も持っていないのに、さすがにそれは無理です。

ならば、現状はアメリカの圧倒的な軍事力が日本の安全保障にとって必要であることは間違いありません。ただし、その軍事力をアメリカが自分たちの世界戦略に使うだけで終わらないように、日本が外交でコントロールしていくことが重要です。その意味では、山岡先生のおっしゃるように、独立自尊の精神を持った「一人前の国」になり、アメリカとも堂々と議論できる関係を今のうちから築いていかなければいけません。

私からすると、日米安保体制や日米地位協定に関する保守陣営の議論は「日本は独立国ではない」という考えに焦点が当たり過ぎているように思えます。

もちろん、気持ちは十分に理解できるのですが、はたしてそれは、今日の日本の状況下で優先的に議論しなければいけない問題なのか。左翼陣営の日米安保体制批判を助けるだけに終わらないか。どう考えても、日本を取り巻く中国・ロシア・北朝鮮という権威主義国家の脅威、すなわち今目の前にある問題に対応する方が遥かに優先順位が高いわけです。

実務レベルで改善されてきた日米地位協定

山上：沖縄の人たちの苦労は重々承知していますが、日米地位協定の運用に関しては、日本政府も手をこまねいていたわけではありません。世間一般にはあまり知られていませんが、改善に改善を重ねてきました。これは実務の世界では常識です。

例えば、米兵が公務外で強盗殺人・レイプ等の重大犯罪を起こした時には、起訴前でも米軍から日本の警察に身柄の引き渡しをすべく考慮することをアメリカに認めさせました。これもアメリカを説得するのはなかなか大変でした。「米軍は米軍の規律に従う。受け入れ国の法令で裁判の法廷に立たされることはない」というのがアメリカの伝統的な立場ですからね。そこに風穴を開けるのは本当に大変なことでした。でも、沖縄の少女の悲惨な事件があって、日米地位協定の運用も徐々に変わってきた。何も変わっていないことはないんですよ。

もうひとつ、日米地位協定の議論で保守派の方たちに気を付けていただきたいのは、日米安保守体制に対する批判は、基本的には日本の左翼陣営から出ているということです。保守派がその動きに共鳴することは何を意味するか。結果的に、反日勢力や日米同盟に楔《くさび》を打ち込もうとする勢力に塩を送ることになりかねません。私はこういう問題提起も必要だと思います。

もちろん、日本にいる米兵にしっかりと規律を守らせることに関しては言を俟ちません。沖縄の女性が米兵に強姦されるような事件は二度とあってはならない。ただ、同時にそれだけが日米安保体制の欠陥のすべてであるかのようなフレーミングはいかがなものかなと思います。

山岡：先ほどご指摘されたように、今の日本の現状では、ニューヨークやロスが攻撃された際に日本が援軍を送れるかというと、難しいと言わざるを得ません。政治家も含め日本国民の大半の意識は「同盟国が攻撃を受けた際には、自衛隊を海外に派遣して集団的自衛権を行使するべきだ」と抵抗なく言えるレベルにはまだ到達できていません。

だから、少なくとも日本の防衛は極力自立的に行えるようにして、日本だけではできないところをアメリカにカバーしてもらう方向へ切り替えていくべきじゃないか、というのが私の意見です。実際、そうした議論はアメリカ側でもありますよね。

いきなり日本が「完全独立」するのは無理だとしても、だからといって現状の実質「属国」状態のままではどうしようもありません。だから、現実的にアメリカとの同盟の中で相対的な独立を実現していく。すなわち、憲法も法律も必要な部分を改正し、自立度を徐々に高めていく。私はこれを「相対的自立論」と呼んでいます。

2021年の米軍のアフガニスタン撤退に象徴されるように、今のアメリカは撤退トレンドにあると私は考えています。実際、中東情勢からは身を引きつつありますし、状況次第ではその流れがアジアにも波及するかもしれません。そして、中国は今まさにそのアメリカの退潮を衝いて、さらなる勢力拡大をはかっているところです。

そうした情勢を踏まえれば、アメリカの退潮を埋めるように、日本が相対的自立度を高めていくことは、アメリカにとっても悪い話ではありません。日本が強くなることに対してもそれほど警戒しないでしょうし、むしろ歓迎するかもしれない。そうやって「アメリカにとっても日本はある程度強い方がいいだろう」というロビー活動を展開しながら、相対的に自立を実現していくことが、日本のとるべき大戦略だというのが私の意見です。

一方で、その撤退トレンドにあるアメリカのエンゲージメントをいかに確保するかということも、日本の国防にとっては重要な課題です。山上先生がおっしゃったように、台湾有事に対しては、日本が主体的に働きかけて、アメリカをしっかりと巻き込んでいく必要があります。

相対的には自立度を上げながら、撤退しようとするアメリカをいかに上手にエンゲージしていくか。そこには、まさに高度な外交力が求められると思います。アメリカの言いなりになって漠然と流れに従う受け身の姿勢ではなくて、日本側がしっかりとした戦略を持ってアメリカに働きかけなければいけません。

山上：その意味で言うと、先に話題に出た岸田首相のアメリカ議会での演説では、もっとアメリカ側に注文を付けるべきでしたよね。「アメリカは自由と民主主義のために戦ってきました。日本はその横でこれまで通りアメリカを支えていきます」とヨイショしただけで終わりました。台湾海峡で有事が起きた時には、アメリカに何を期待しているか、日本としてはどう動くのか、という核心的な部分についてはまったく言及していません。一般論として「今日のウクライナを明日の東アジアにしてはいけません」と改めて警鐘を鳴らすだけで、台湾海峡の「タ」の字も言いませんでした。これでは駄目です。

日本こそ先頭に立って、台湾有事ではアメリカを退かせるのではなく、引きずりこまなければいけません。首に縄をつけてでも、前に引きずり出してくる。そうすることで、アメリカの圧倒的な軍事力を抑止力として活用すると同時に、万が一抑止が崩れた場合の危機対処能力としても使っていくわけです。

これからはそのように日本の国益を前面に出して、アメリカの圧倒的な力をうまく使っていく「日本ファースト」な発想で安全保障政策に取り組んでいくべきだと思いますね。

山岡：おっしゃる通りですね。

いま注目すべきは「中国の瓦解」

山岡：アメリカのシンクタンクも「アメリカは中国と戦えば負ける」という類の報告を出してくるご時世なので、しっかりとアメリカの首輪をつないでおかないとどうなるかわかりません。2020年のアメリカ大統領選挙時の騒ぎを思えば、アメリカが何かのきっかけで内戦状態に陥るという事態も、今やまったくの絵空事ではなくなりました。仮にそのような混乱が起これば、アメリカは自国の内政問題で手一杯になってしまい、対外的な問題には一切手を出せない状況に陥る可能性があります。

山上：おっしゃる通り、私も個人的には、大統領選挙後の混乱が一番怖いと思っています。アメリカが内政に没頭してしまって、外に関心やリソースを向ける余裕がなくなってるタイミングで、中国が素早く行動を起こすという事態も考えられます。

あるいは、最悪なのは、中国が北朝鮮・ロシアと連携して、3正面で仕掛けてくるケースですよね。そうなった時には、アメリカを中心とする西側諸国の対応がどうしても遅れてしまうのではないかと懸念しています。その観点で言えば、「中国の瓦解」にも注目しなければいけません。すなわち、中国経済はもう頭打ちで、不動産市場のバブルもはじけ、軍部には腐敗や汚職が蔓延している。はたしてこんな状況で本当に戦争などできるのか。傍《はた》から見ている一般人にそのような疑問を抱かせる現状に中国が身を置いていることは確かです。

だとすると、我々がまず気を付けるべきは、アメリカが退く・退かないという問題よりも、中国が日本やアメリカの参戦を招かないような形で、間隙を縫って台湾を制圧してしまうことです。軍事衝突にはいたらない、有事と平時の間の状態、いわゆる「グレーゾーン戦術」ですね。これを何より警戒しないといけません。

中国が真っ向からアメリカに軍事で挑むというのは、孫子の兵法で言うと、愚策中の愚策です。やはり「戦わずして勝つ」が上策ですから、中国が軍事的な武力行使ではなく、グレーゾーン戦術で台湾を手に入れようと企んでいるのは、おそらく間違いないでしょう。ならば、それを可能にするような緊張感の隙間を生じさせないよう、我々日本人も常に警戒しておかないといけません。

山岡：そうですね。中国は超限戦を仕掛けてきていますから。

日本人が忘れてしまった「軍人の心理」

山上：アメリカは確かに中東からは少し退いてますが、東アジアから退いているとは、私は思っていません。むしろここ数年は、米軍関係者と話しても、アメリカの戦略家と話しても「これからは対中国だ。もう今やアメリカの宿敵はロシアじゃない。中国なんだ。中国に向かっていかなきゃいけない」と異口同音に言うようになりました。10年前、20年前のアメリカを知っている人間からすると、これは格段の進歩です。

もうひとつ、地政学の観点でいうと、もし中国が台湾を手中に収めれば、東シナ海の制海権も制空権もすべて中国人民解放軍のものになります。そうなると当然、尖閣諸島の戦略的な位置づけも変わります。おそらく沖縄の米海兵隊や嘉手納の空軍は、安全なところに大部分を移転せざるを得なくなるでしょう。移転先はハワイかもしれないし、オーストラリアのダーウィンかもしれません。では、その結果、何が起こるのか。

東シナ海のみならず、西太平洋の相当部分が中国の勢力圏内になってしまいます。言い換えると、それはアメリカがインド太平洋における優位を失い、さらには世界のスーパーパワーとしての地位を失うに等しいわけです。はたしてアメリカはそれを簡単に受け入れるでしょうか。

我々日本人は一度手ひどい敗戦をして、軍隊と尚武《しょうぶ》の気風を失ってしまったから、軍人や軍を動かした為政者の発想を忘れていますが、彼らにとっては「先達が血を流して取った土地」はものすごく重いものです。

硫黄島の戦いや、ガダルカナル島の戦いなど、アメリカの戦史に残るような激戦は、大東亜戦争中の日本軍を相手に繰り広げられました。

ある時、オーストラリアのシンクタンクの会議で同席した米陸軍の四つ星大将（在韓米軍司令官）に夕食の席で「米陸軍の組織的記憶（Institutional Memory）として、どこの国の軍隊が一番手ごわかったと認識されているのでしょうか」と単刀直入に聞いたことがあります。彼は間髪いれず、明確かつ端的に「ジャパン」と答えました。

つまり、その手ごわい強敵の日本と激戦を繰り広げて勝ち取ったのが、日米安保条約（日米同盟）であり、日本国内の米軍基地だという発想がアメリカ軍人の間にはあります。日本人からすると、決して嬉しい言い方ではないですけどね。

では、アメリカは、先祖が血を流して手に入れたその地位を台湾有事でみすみす失うのでしょうか。大方のアメリカの軍人は「そんなことは絶対に認めない」と言います。私も何人かの軍人と話しましたが、みんな口をそろえて否定していました。

思えば、大日本帝国が無謀とも思える対米開戦に踏み切った理由も同じでしたよね。日清・日露戦争の勝利で着々とアジアに地歩を築いてきた一方、その裏には、幾千幾万の日本兵の血がありました。この発想があるから、ハル・ノートを突きつけられて「中国から出ていけ。さもないととんでもない目にあうぞ」と脅されても「出ていけるか！　今まで先人たちの血で築き上げてきたものがあるんだ」と言って、日本は乾坤一擲《けんこんいってき》、真珠湾攻撃に向かったのではないでしょうか。
これが軍人の心理です。戦後の平和な世界で育った我々は軍人の心理を知らないけれど、軍隊はそういう発想で動きますからね。その力学は念頭に置いておいた方がいいと思います。

山岡：1950年代に講和条約が視野に入ってきた時の米軍の反応がまさにそれでしたよね。本来なら講和条約成立後、90日以内に占領軍は撤退しないといけない。しかし、そんなことは絶対にあり得ないと米軍側は言っていました。それはまさに山上先生がご指摘されたように、日本との血みどろの戦いを繰り広げてやっと獲得した前線基地だからです。

しかも目の前で朝鮮戦争が起きて、ソ連との冷戦構造ができつつある。「そんな状況で撤退できるわけないだろう。俺たちは絶対に日本から撤退しない」というのが米軍側の強固な意見でした。当時は結局、日本側からも首相の吉田茂が米軍の駐留継続を懇願したので、講和条約と同時に日米安保条約が結ばれて、米軍が日本に残ることになりました。だが、はたして今回はどうなるのか。

アメリカの力が衰退し、内戦状態に陥る恐れもある中で、すでに在沖縄米海兵隊がグアムまで退くことが決まっています。グアムでも十分でなければ、それこそオーストラリアの東海岸まで退くかもしれません。最近、アメリカの人たちから聞いたところによると「台湾有事の際には、在日米軍が絶対に攻撃されるから、在日米軍は一旦撤退してから戻る戦略をとるだろう」という話も出てきているそうです。本来であれば、山上先生ご指摘の通り「何が何でも日本国内の基地は手放さない」というのがアメリカ軍人の心理、ロジックなのでしょうが、日本側からもアメリカが退いてしまわないよう積極的に働きかける必要があると思います。その一方で、「拡大抑止」「統合抑止」の名のもとに、在日米軍の司令部をハワイから日本へ移し、自衛隊と米軍の指揮系統を統一する動きもあります。これは有事の際に自衛隊が米軍司令官の指揮下に入ることにもつながり得ると思います。

中国をこれ以上〝過信〟させるな

山岡：習近平はすでに台湾統一を既定路線として進めています。すなわち、「やるか、やらないか」の段階ではなく、「いつやるか、どうやるか」の段階です。そして、「どうやるか」に関してはＢＯ２２年10月の中国共産党大会の活動報告で「武力行使の選択肢を放棄しないが、平和的解決を目指す」と表明し、軍事侵攻についても含みを持たせています。

もっとも、人民解放軍の軍人たちは、みんな本音では「台湾侵攻なんてやりたくない」と考えているそうです。台湾海峡を渡って軍事侵攻するのは、山上先生がご指摘された通り、非常に悪手であり、甚大な被害を免れないですからね。

しかし、そうした現実的な「台湾武力統一不可論」を唱えていた元軍幹部の劉亜洲《りゅうあしゅう》元上将が2023年4月に失脚したことも気になります。劉亜洲は米スタンフォード大学に留学経験もある知米派で、従来から台湾侵攻の問題点やリスクを訴え、武力による台湾統一に反対の立場をとっていました。劉亜洲の粛清は台湾侵攻の準備の一環とも言われています。

もちろん、グレーゾーン戦術やサイレント・インベージョンなど、武力に頼らない形で台湾を攻めてくるのが最も現実的だと思いますが、世界的な混乱、先述のようにアメリカが内戦状態に陥った時などには、習近平がどういう判断を下すかわかりません。今がチャンスだと考え、軍事侵攻で一気にカタをつけようとする可能性もあります。

その時の習近平が合理的・冷静ならばあり得ないかもしれませんが、中国にはそういう不透明な部分があるからこそ、日米の連携を今の「従属」状態から少しでも「正常化」させる、すなわち日本が相対的に自立して米軍のエンゲージメントを維持する必要があるというのが私の考えです。

私の言う「自立」は、左の人たちや一部の右の人たちが主張しているような「米軍を日本から追い出すべきだ」という意味ではありません。日本がもっと自分でやるべきこと・できることを自分でやりつつ、日米安保体制が「空約束」にならないようアメリカにも積極的に働きかけて、現実的・合理的に同盟関係を機能させるという意味です。

山上：中国でも、冷静で常識のある人なら、日米の軍事力が結合した場合、とてつもない戦力になることがわかっています。

やはりアメリカは、まごうことなき唯一の超大国であり、戦争の実績・経験も豊富です。新兵器もいろいろなところで試している。ウクライナ戦争で実証されたように、情報力も際立っています。

一方、日本は、実績経験こそないものの、日本人が一丸となった時の組織力は決して侮れません。その強さは、大東亜戦争で国民党軍も八路軍も味わっていますし、さらに前には、日清戦争の敗北、清朝の滅亡をもたらしました。日清戦争で端《はな》から侮っていた大日本帝国によもやの敗戦を喫し、清朝の滅亡、中華民国の成立につながった近代史を中国共産党の要人は決して忘れることがない、と中国ウォッチャーの方たちもよく指摘しています。

だから、冷静に考えれば、中国のインテリ層・指導者層は、日本とアメリカの両方を敵に回すと、大変なことになることがわかっているんですよ。

ただ、そこで注意しなければいけないのは、中国の〝過信〟です。

山岡先生がご指摘された通り、今のアメリカは非常に弱く見えます。バイデン大統領は歩くのもヨボヨボで見た目にも弱々しいですし、アフガニスタンからの惨めな撤退ぶりも記憶に新しい。ガザ紛争やレバノン侵攻を見ると、同胞のイスラエルに対するコントロールも効いていない。本当は軍事力が圧倒的に強いのに弱く見えてしまうことが問題です。それがロシアのプーチン大統領を〝過信〟させて、ウクライナ侵攻に走らせたことは間違いないですからね。

中国も明らかにアメリカは落ち目の国だと思って、高《たか》を括《くく》っているところがあります。だから、中国をこれ以上、自信過剰にさせてはいけません。

そのためにも、日本自らがさらなる防衛努力を重ねていく、そして日米が結束してさまざまな軍事演習をすることをはじめ連携を深めていく、さらには、オーストラリア、フィリピン、インド、イギリス、韓国等も対中国に巻き込んでいく。こうした対応が今後ますます日本の外交、安全保障政策には求められます。

でも、現実を見ると、自民党の政治家も外交官も中国との一対一の闘いでは情けないくらい弱いのです。これでは相手に自らの力を過大評価させ、我々の力を過小評価させてしまいます。その意味で、尖閣周辺の海上などで日夜事態をエスカレートさせることなくプロフェッショナルに奮闘している海上保安官や自衛官の活躍に負っているところ大です。卑近な話ですが、サッカーで「侍」や「撫子《なでしこ》」が圧勝したり、中国のお家芸である体操や卓球で鼻を明かしているのもスポーツの世界に止まらないデモンストレーション効果があると見ています。嫌中に流れることなく、かつ、居丈高になることなく、「日本をなめたらいかんぜよ」というメッセージを浸透させていくのが大事なのです。

山岡：今の自民党では難しいでしょうねえ。日本はいつも現場の超人的努力に支えられる傾向があります。もっと上がしっかりしなくてはなりません。

第五章

日本外交をどうやって立て直すか？

一刻も早く対外情報機関をつくるべき

山岡：外交と安全保障は表裏一体ですが、外交とインテリジェンスも表裏一体です。もっとも、安全保障とインテリジェンスも表裏一体なので、外交・安全保障・インテリジェンスは「三位一体」だということですね。山上先生は現役時代に外務省のインテリジェンス担当局長（国際情報統括官）を務めていらっしゃいましたが、日本外交のインテリジェンス面での課題についてはどのように認識されていますか。

山上：まず情報収集・分析能力を格段に強化する必要があると痛感しています。そのためには、日本も独自の対外情報機関をつくらなければいけません。これはもう、待ったなしの喫緊の課題です。

以前、ロンドンで在勤していた頃、イギリス情報機関の元最高幹部の方から「これからの日本にとって、安全保障上の最大の脅威は中国だ。ならば、日本は北京の要人たちが中南海（中国共産党中枢の建物群のある地区）で何を話しているのか会話内容を把握できているのか。北朝鮮による拉致問題の解決が国家的課題だというなら、北朝鮮内で生存している拉致被害者全員の居場所を確認できているのか。この二つが満足にできていないのであれば、日本は一刻も早く対外情報機関をつくらないとダメだ」と指摘されました。

また、イギリスのＳＩＳ（秘密情報庁、通称ＭＩ６）やアメリカのＣＩＡ（中央情報局）、オーストラリアのＡＳＩＳ（秘密情報庁）、ドイツのＢＮＤ（連邦情報庁）、フランスのＤＧＳＥ（対外治安総局）など主要国の各情報機関とインテリジェンスの協力連携を行うためにも、カウンターパートとなる対外情報機関は必須です。私はそれらの情報機関の方々から「今の内閣情報調査室や外務省、公安調査庁は俺たちのカウンターパートじゃない。早く俺たちのカウンターパートたり得る対外情報機関をつくってくれ」と何度も言われたことがあります。ある意味、悲鳴にも近い要求だと感じました。

率直に言って、彼らは情報関係機関がサイロのように分立している日本のインテリジェンス体制の現状にまったく満足していません。長年にわたり、日本が一人前の対外情報機関をつくることを望んできたからです。

しかし、結局、日本憲政史上最長の安倍政権でもそれを実現できなかった。そんな日本に対して、彼らが感じている積年のフラストレーションを決して過小評価するべきではありません。

もちろん、私自身も、機会があるごとに対外情報機関設立の必要性を強く訴えてきました。しかしながら、関係省庁の情報担当機関には、現状のままで十分だと考えている人たちもいるようです。以前、自民党のある大物政治家の勉強会に出席した時にも、その政治家から「日本のいろいろな役所の情報担当機関と話すと、今のままでいいと言われる」と言われました。そもそも、そのような意識だからダメなのです。

山岡：外務省も対外情報機関の設置にはあまり乗り気ではないそうですね。

山上：外務省は長年、外交一元化の観点から、警察・公安関係者が推進している内閣情報調査室（内調）を母体とした対外情報庁の設置に反対、あるいは消極的だったと言われています。確かに、大東亜戦争の反省の面から、軍事・情報当局の「暴走」を警戒している外務官僚が少なからずいたことは事実です。対象地域や語学の専門家としての自負もあったのでしょう。

しかし、主要国のスタンダードを踏まえれば、民主的な制度のもとで法令に基づいて職務を遂行する情報当局を設置することに対して、今さら外交当局が異を唱えるべきではないと思います。餅は餅屋です。そもそも、今の外務省の情報収集・分析能力を踏まえれば、現状を良しとしてこれを継続しようという発想自体、僭越の極みです。国益を害するものに他なりません。

問題の本質は、対外情報の収集という業務の複雑性、課題の難易度の高さに鑑みれば、警察官・外交官・公安調査官・自衛官のいずれも、ピタリとその役割に当てはまっていないのです。やはり、対外情報機関を担うプロのインテリジェンス・オフィサー（情報官）を国家プロジェクトとして育成していく必要があります。

だから、対外情報機関をつくる場合でも、その組織を内調・外務省・公調・防衛省・警察庁など既存の役所の「出島」にしてはいけません。出身母体にかかわらずとびきり優秀な人材を集めて、ゼロからスタートさせることが重要です。すなわち、インテリジェンス・オフィサーの、インテリジェンス・オフィサーによる、インテリジェンス・オフィサーのための対外情報機関をつくらなければいけないのです。

日本はファイブ・アイズに入れるのか？

山上：国家のインテリジェンスにおいて大切なのは、省益よりも国益の追求です。要は、役所のセクショナリズムを打破しなければいけません。

そのためには、やはり政治のリーダーシップが必要になるわけですが、肝心の政治家や政治関係者一般のインテリジェンスに対する感度・関心が低すぎることが問題です。だから、戦後何十年経っても、物事が遅々として進まず、対外情報機関の設立にもいたっていない現状があります。本当に嘆かわしい話です。

先述したように、インテリジェンス・オフィサーの仕事は、外交官や警察官僚がそのままやろうとしても通用しません。加えて、外務省や警察庁の情報担当幹部は1〜2年サイクルで頻繁に代わります。だから、例えばＭＩ６の長官が日本を訪れた時でも、日本の外務、警察、法務官僚らは部下の用意した発言要領やプレゼン資料をただ読み上げるようなことをしてしまうわけです。極秘情報や高度な分析を率直に開陳することが期待されているトップ同士の面談なのに、そんなことをすれば途端に相手は引いてしまいます。主要国の情報幹部は、そのような場面を何度も目の当たりにしているので、はっきり言って辟易しているのです。実際、何人もの外国人が私にそう伝えてきました。

この状況を例えるなら、主要国がリズムを合わせて大縄跳びをしている中で、日本だけがそこに入り込んで跳べていないようなものです。パートナーの他国と協調して動くことができているわけではなく、一人だけ綾跳《あやと》びでもして自己満足してしまっています。

もっとも、これはインテリジェンスの世界に限った話ではなく、日本の政治家や官僚が国際場裡《じょうり》に出て行った時に往々にして見られる現象です。「日本の常識は世界の非常識」とはよく言われますが、まずは日本の立ち居振る舞いがいかに「非常識」か自己認識するところから始めていかないと、インテリジェンス分野でも日本は世界標準からズレたままだと思います。いつまで経っても主要国との大縄跳びを飛べません。

山岡：よく「日本もファイブ・アイズ（米・英・豪・カナダ・ニュージーランドの５カ国による機密情報共有の枠組み）に入るべきだ」という議論がありますが、大縄跳びを一緒に飛べなければそれも難しいですよね。

山上：はっきり言って、今のままでは、まともに相手にされません。確かに、オーストラリアのアボット元首相やピーター・ジェニングス前豪州戦略政策研究所長など、日本のファイブ・アイズ入りを公の場で提唱してくれる外国の要人や有識者もいます。日本の置かれた戦略環境だけではなく、潜在的な能力も含めた日本の実力を評価したうえでの意見だと思われるので、それは大変光栄なことです。

しかし、現状の日本のインテリジェンス体制・人材・秘密保護法制などを見渡した場合、ファイブ・アイズに入れるだけの準備が整っているとは到底言えません。

もし日本が本気でファイブ・アイズに入りたいのであれば、カウンターパートとなる対外情報機関を新設して、各所からインテリジェンスに適した人材を集めるだけでなく、秘密保護法制を強化し、サイバー攻撃への防御態勢を充実させていくことが必須です。

日本の現状は、そもそも対外情報機関を早くつくらなければ始まらないという危機感すらない。スパイ防止法もない。セキュリティ・クリアランス（政府が保有する安全保障上重要な情報にアクセスする人物に対する適性評価制度）は政府の一部の人間にかかるだけ。サイバー防御は主要国から「なぜ日本の態勢はあんなに脆弱なのか」と指摘されているレベルです。

これでは、ファイブ・アイズに入りたくても入れる状況にはありません。宿題が山積みなのです。これらの課題をクリアして初めて、ファイブ・アイズに入る・入らないの議論ができるようになります。

山岡：道のりは長そうですね。

山上：現実問題として、ファイブ・アイズ諸国のカウンターパートたり得る対外情報機関を一足飛びにつくれないというのであれば、まずは足下をしっかりと見つめて、米英豪の主要メンバーとの間で、個別具体的な協力を着実に積み上げていく必要があります。そうした協力のブロックを地道に積み上げていくことで、信頼関係がさらに太いものとなり、切磋琢磨されて日本の能力が伸びていくことにもつながると思います。

少なくとも、彼らから信頼された形で情報交換を行い得るためには、政府だけでなく立法府の関係者をも対象に置いた秘密保護法、厳罰を伴うスパイ防止法などの法制整備を急がなければいけません。

インテリジェンス・オフィサーの育成には「独立した器」が必要

山岡：中国・ロシア・北朝鮮という脅威に囲まれていながら、日本が対外情報機関を持っていないという現状に危機感を持っていない政治家、国民の意識はやはり大問題ですよね。さらに言えば、アメリカや韓国に対しても、インテリジェンスなくしてまともな外交ができるわけがないのに。

山上：おっしゃる通りです。対外情報機関がないと、ファイブ・アイズ諸国もさることながら、フランスやドイツ、あるいは韓国やインドといった国々とも丁々発止のやり取りができません。そういう意味でも、対外情報機関の創設は遅きに失しているのです。

私は、日本という国は、国家と国民がインテリジェンスに本腰を入れて取り組めば、かなりのことができると思っています。戦前はそれなりに機能していたわけですし、なんといっても「忍者」の国ですからね（笑）。やってやれないことはないと思います。

外務省でインテリジェンスに携わった経験から、私が自信をもって言えるのは、日本にはインテリジェンス業務に適した人材がかなりいるということです。外務省だけでなく、内調・警察庁・公庁・防衛省などにも、日本には優秀なインテリジェンス・オフィサーたり得る資質を持った人たちが相当数いることは間違いありません。

しかし、まだまだ質量ともに不十分です。

しっかりとした独立の器（機関）をつくり、そこに各所から優秀な人材を集めて、外交官・警察官・自衛官としてではなく、プロのインテリジェンス・オフィサーとして育てる必要があります。

英国の情報機関のトップを務めた知人から、こう言われたことがあります。

「インテリジェンス・オフィサーとは、外交官でもないし、警察官でもない。生き馬の目を抜くような国際情勢を鳥瞰《ちょうかん》する視点を持ちつつ、名声を求めることなく名も無き存在として粉骨《ふんこつ》砕身《さいしん》し、自らの命を捧げることも躊躇《ちゅうちょ》しない。国家の秘密を抱いて墓場に持っていく。そこに誇りを見いだす連中なのだ」

やはり既存の役所からの出向者の寄せ集めでは、それほどまでの覚悟を持った人材を育てることはできません。

国際情報統括官（外務省のインテリジェンス部門のトップ）だった時代に、人事異動の希望を次官から問われたことがありました。私は「インテリジェンスはとてもやりがいがあるから、2年どころか、3年でも4年でもやらせてください。そして、対外情報機関ができる際には、一方通行でいいから出してください。是が非でも外務省に戻って大使になりたいとは思っていませんから」と希望を述べたのですが、次官の答えはノーでした。「外務省にそんな人事をやる余裕はない。今は捕鯨問題が大変だから経済局長をやれ」と言われ、経済局に回されました。

山岡：インテリジェンスから捕鯨というのも、一般人から見るとかなりおかしな人事に思えるのですが。

山上：およそ一貫性はないですよね。せっかく、イギリスのＭＩ６、ドイツのＢＮＤ、フランスのＤＧＳＥ、イスラエルのモサドの大幹部など人間関係を築きつつあったのですが。こうしたクルクルと代える人事異動も、外務省というより日本の役所全般の大きな問題のひとつだと思います。

「ウインク」で加入しても仕方ない

山上：ところで、日本ではあまり議論が進んでいないのですが、日本のファイブ・アイズ加入には「得失」の問題もあります。

まず、仮に日本がファイブ・アイズに入れたとしても、彼らが持っているすべての情報にアクセスできるわけではありません。

ファイブ・アイズと言っても、やはり国によってインテリジェンス能力や保有している情報の質・量に差があります。イメージとしては、アメリカが頂点で、その下にイギリス、オーストラリア、カナダがあり、最下層がニュージーランドという3〜4層の階層構造になっているわけです。オーストラリアの専門家の中には、ニュージーランドのインテリジェンスの質・量が他の4カ国に比べて大きく劣っていることから「フォー・アイズ・プラス・ウインク」と表現する人もいます。つまり、「ニュージーランドなんて〝アイ〟じゃない」ということですね。同じファイブ・アイズ諸国でもそれくらい格の差があるわけです。

では、はたして日本がそこに「アイ」として参加できるのか。

せっかくファイブ・アイズに入ることができたとしても「ウインク」ではどうしようもありません。アクセスできる情報も限られてしまいます。

山岡：ニュージーランドも中国に相当工作を仕掛けられていますよね。2017年には中国出身の国会議員・楊健《ジャンヤン》が中国のエリートスパイ学校で教師をしていた経歴を隠していたことから、ニュージーランド保安情報局（NZSIS）にスパイ容疑をかけられ、2020年に政界を引退しています。

これまでニュージーランド政府は、同盟国の安全保障よりも貿易を優先し、中国に宥和《ゆうわ》的な姿勢をとっていることを批判されてきました。それに加えて、この楊議員の事件ですからね。楊議員が安全保障の重要な情報にアクセスできる立場にいたことも問題視され、いっそのことニュージーランドをファイブ・アイズから外してしまおうという議論まで起きたそうです。

山上：今の日本がファイブ・アイズに入っても同じことが起こり得ますよね。それこそ「ウインク」扱いされてしまいます。

日本がファイブ・アイズに入ることで「失われるもの」とは？

山上：これも日本ではあまり議論されることがないのですが、実は日本がファイブ・アイズに加入することで、失われるものもあるかもしれません。

日本がファイブ・アイズに入った場合、例えば、フランスやドイツ、韓国、インド、東南アジア諸国などのファイブ・アイズ以外の国からすると、日本に情報を渡せば、アメリカやイギリスにも共有されかねないという認識が出てくるでしょう。インテリジェンスの世界ではサード・パーティー・ルール（情報提供国の同意なくして第三国に当該情報を共有しない）があるからそんなことは起こらないというのはあまりにもナイーブな見立てでしょう。

実際、これまで日本はファイブ・アイズ以外の国とも地道にインテリジェンスの関係を築いてきました。

先に名前を挙げたフランスやドイツ、韓国、東南アジア諸国などの他にも、中東の情報機関とも良好な関係にあります。私も情報統括官時代には、西側主要各国だけでなく、アジアや中東諸国にもできる限り出向き、各国の情報当局幹部たちと国際情勢についての情報や分析の交換に精力を傾けました。イスラエル、サウジアラビア、トルコ、イランなどの情報当局長官から贈られた記念品は、今でもオフィスや自宅で大切に飾っています。

日本がファイブ・アイズに入れば、それらの国からどう見られるようになるのか。それも十分に議論しておく必要があります。「ファイブ・アイズに加入すれば情報収集しやすくなるから入った方がいい」という単純な話ではありません。また、情報を共有するということは、その後の行動を共にしなければならないことが多くなる、と考える必要もあります。本当に熟慮を要する問題なのです。

ただ、以上の点を踏まえたうえでも、やはりファイブ・アイズの情報収集能力が群を抜いていることは間違いありません。

特にシギント（通信や電子信号を傍受することで情報を得る諜報活動）、イミント（衛星画像や航空写真によって撮影された画像を分析することで情報を得る諜報活動）はズバ抜けています。だから、ウクライナ侵攻に関しても、北欧や東欧の国々が歴史的経験から得たロシア観に立って「プーチンはそんな馬鹿なことしないよ」と言い続けていたのに対し、ファイブ・アイズ、就中《なかんずく》米英両国は「いずれプーチンはウクライナに侵攻する」と警告していました。彼らは衛星でロシア軍の動きを把握し、ロシア側関係者の通話やメールのやり取りなども傍受して把握しているからこそ、プーチンのウクライナ侵攻に対する本気度を事前にかなり正確に把握していたわけです。

その後、ウクライナ侵攻が現実に起こったことで、情報収集に関しては、ファイブ・アイズ側に一日の長があることが実証されました。実際、彼らの情報網はものすごいですからね。ファイブ・アイズに入る・入らないに関係なく、日本としてはギブ・アンド・テイクでそれをうまく活用していく必要は言を俟ちません。

インテリジェンスの世界における協力関係は、お互いにギブ・アンド・テイクが成立するかどうかです。「情報をください」というテイクだけだと、まず間違いなく「おととい おいで!」と言われてしまいます。だから、日本として提供できる情報を用意しながらファイブ・アイズとの協力関係をつくっていく必要があります。

国家としての課題の本質は、「ファイブ・アイズに入るか否か」ではありません。中国・ロシア・北朝鮮の軍事的脅威、歴史問題の政治利用などに直面してきた我が国自身が、いかに率先して情報能力を強化し日本の繁栄と平和を守っていけるかです。

ファイブ・アイズが日本に期待しているのは中国情報

山岡：ギブ・アンド・テイクでファイブ・アイズの情報網を活用すべきとのことですが、インテリジェンス後進国の日本からはどのような情報をファイブ・アイズ側にギブできるのでしょうか。

山上：ファイブ・アイズが日本にまず期待しているのは中国情報です。言語や歴史、文化、肌の色の違いからして、やはり欧米人では中国社会に入り込むのが難しい。その点、日本人は中国の歴史や文化に造詣が深い者がおり、漢字も共有している。肌の色も同じです。また、地理的にも中国の隣に位置し、尖閣諸島ではまさにフロント・ラインで中国と直接、日夜対峙しています。そんな日本が持っている中国の情報、中国についての知見・人脈は、ファイブ・アイズ側からすると、実は喉から手が出るほど欲しいものです。

また、インテリジェンスでは情報の収集とともに分析も重要ですが、日本は特に東アジアの情報、すなわち中国情勢や朝鮮半島情勢の分析能力に関しては、独自のものがあります。日本人には現地の言葉を使いこなせて社会に入っていける人材が多いこともあって、この分野では日本に一日の長があることは間違いありません。これはファイブ・アイズ諸国やその他主要国のインテリジェンス当局に対する十分なセールスポイントになりえます。

それに関連する話でいうと、私が外務省の国際情報統括官組織(IAS)の精鋭チームを率いてワシントンを訪問し、アメリカの情報機関幹部と協議した時、非常に嬉しいことがありました。普段お世辞とは無縁のアメリカの女性高官が、いつもの猛禽類《もうきんるい》のような厳しい目つきではなく、優しい笑みをたたえながら「私たちの見たところ、IASは分析能力にかけては当該地域では抜群の存在だ(second to none in the region)」と言ってくれたのです。それまで中国情勢、朝鮮半島情勢などに関する分析資料や意見の交換を重ねてきた相手からの単なる社交辞令を超えたありがたい評価でした。

インテリジェンスの世界では、やはり独自のものを持っているかどうかがその国の立場を左右します。

日本は1998年の北朝鮮による弾道ミサイル「テポドン」発射をきっかけに、安全保障に関する情報を独自に集めるべく、情報収集衛星を運用するようになりました。そこから徐々に日本の立場が強化されていったことは間違いありません。

ファイブ・アイズその他の主要国から情報を得ることも大切ですが、やはり日本が独自に情報を収集・分析すること、そして、その成果を彼らにリターンできる関係を築いておくことが非常に重要です。

山岡：外交・安全保障・インテリジェンスは「三位一体」だということがよくわかるお話ですね。やはりインテリジェンスを強化しないと、外交や安全保障の分野でも、敵はおろか味方にさえも、主導権を握られてしまいます。ファイブ・アイズに入るということはアングロサクソン同盟に入ることですから、同時に敵も多くなります。まずは日本自身が独自の情報機関を設立して情報収集能力を高めることが大前提ですね。

日本外交が弱腰になる三つの要因

山岡：インテリジェンスの弱さが日本外交の弱さにつながっている部分は間違いなくあると思います。

一方、日本にはインテリジェンス能力の有無以前に、これまで本書で述べてきたような根本的な部分での「弱腰外交」体質があることも確かです。これを克服していくには、どうすればいいのでしょうか。

山上：私は、日本外交の「弱腰」には、三つの根本的な要因があると考えています。

一つ目は日本人の性格です。

日本人は、世界標準でいえば明らかにお人好しで、目の前の人間と諍いが起きることに耐えられません。クラスメイトでも、隣人でも、会社の同僚でも、あるいは商売敵《がたき》でもそうですが、何とか共通項を見つけて折り合おうとする国民性があります。目の前の相手と居心地の悪い関係になりたくないから、すぐに「あなたの言うこともっともですね」などと妥協をしてしまうわけです。「あなたの意見とは違います」と面と向かってはっきり言える日本人はやはり少ないですからね。

もちろん、そうした日本人の性格にプラスとマイナスの両面があることは確かです。しかし、外交の世界では、どうしてもその性格が「弱さ」として裏目に出てしまい、マイナス面が大きくなってしまいます。「和をもって尊しとなす」では外交にならず、時には心を鬼にしないといけない時もあるわけです。

二つ目は、外交そのものに対する考え方です。

外務省の大先輩で「外交は妥協の芸術だ」と言っている人がいました。要するに、「足して2で割るのが外交だ」という発想ですが、これは今でも外務省の多くの人間が共有している外交観です。

確かに、外交の世界においては、相手側との共通項を認めて意見をまとめなければいけないようなケースが多々あります。しかし、領土問題や歴史認識問題、国家の主権や尊厳に関わる問題など、足して2で割れない外交問題も決して少なくありません。

最後のところは、「Agree to disagree（同意しないことに同意する）」と、物別れしなければいけない問題だってあります。それなのに、うまくまとめようとするから弱腰外交になる。向こうが折れないのにこっちが折れる。慰安婦問題の河野談話などはその典型です。

他国との関係で決して譲ることのできない問題、日本として「死守」すべきものがある問題では、どうしても喧嘩を避けられないケースがあります。日本の外交官は、そうした喧嘩の準備もできていなければ、喧嘩すべきか妥協すべきかの使い分けもできていません。

三つ目は、政治家に定見と胆力がないことです。

たとえ外務官僚が情けなくても、政治家が「こんな交渉をまとめなくていい。ぶっ壊して帰ってきていいから、言うべきことは言って来い」と檄《げき》を飛ばせば、役人たちは実際にそのように働きます。

しかし、私は40年間外務省に勤めていて、そういった類の指示は受けたことがありません。政治家自身が小心翼翼《しょうしんよくよく》として「何とか接点をみつけてこいよ」とビクビクして交渉をまとめたがります。交渉が決裂した時に国内から「何やっているんだ！」と批判されるのが怖いわけです。役人も政治家からそのように命じられたら「妥協の芸術」の道を探らざるをえなくなります。

これら三つの要因がある限り、なかなか日本の弱腰外交は変わらないというのが私の考えです。そういう意味では根の深い問題ですが、まずはこの自分たちの弱点を認識するところから始めていけば、工夫次第で改善していく余地はあると思います。遠回りに思われるかもしれませんが、やはり日本人は何十年、何百年とこのスタイルで生きてきたわけですから、それを一気に変えるのは難しいのではないでしょうか。

山岡：日本人の国民性、民族性は弱腰外交の要因として確かに大きいと思います。日本人はとりあえず相手の言い分を聞こうとしますが、中国人も韓国人もアメリカ人もオーストラリア人もとりあえず自分の意見を言おうとします。

山上：まず他人の言うことなんて聞いてないですよね（笑）。

山岡：そういう手強《てごわ》い人たちや曲者《くせもの》が相手ですから、日本人が向こうの言い分を聞こうとした時点で優位に議論を展開できず、劣位に立たされてしまいます。

他国の考えに自分が合わせる他律的な発想ではなく、自国ファーストで日本の国益を追求する外交であってほしいですね。それから、相手の理不尽な攻撃に際しては粘り強く抗弁するよりも、「そんなもの、さっさと金を払って終わらしてしまえ」という軽佻浮薄な発想も問題だと思います。

「国際的に評判が悪いから捕鯨を止めろ」という敗北主義

山上：外務官僚の考える「国益」は世間一般とはかなりズレているところがあります。

そもそも「国益」という言葉を堂々と外務官僚が使えるようになったのは、実はここ十年くらいです。それ以前は「国益なんてこそばゆい」という空気感でした。ましてや「愛国心」なんて言葉は外務省ではまず誰も口にしません。

以前、彼らが好んで口にしていたのは「国際協調」や「モラル・ハイグラウンド（道徳的高み）」といった言葉です。「相手が謝らなかったとしても、日本人は道徳的高みにいるから謝るのだ」として自己満足していました。

その後、ようやく「国益」という言葉を口にするようになったかと思えば、過去の「国際協調」の悪癖が抜けておらず、国際世論に迎合することが国益だと勘違いしている手合いが引きも切りません。「国際世論が日本にとって不利な風向きなら抗っても仕方がない。それに合わせることが国益だ。現実主義だ」と考え、安直な迎合をしています。それは私に言わせれば「敗北主義」です。

過去に捕鯨問題で日本が国際世論から叩かれていた時も、何人もの外務省の先輩方が「こんなに評判が悪いんだったら、もう捕鯨なんか止めればいい」と言っているのを聞いて愕然としたことあります。捕鯨産業に携わっている人から見れば、生活、生きざま、さらには生死に関わる話なのに、それを「国際的な評判が悪いから止めろ」と言うのは、安易な敗北主義以外の何物でもありません。

もちろん、国益の極大化の手段として、仲間を増やすことは大切です。一方、その過程では、当然敵ができることもあります。

しかし、前述の通り、大半の外務官僚たちには、その覚悟ができていません。妥協すべき時と戦うべき時の使い分けすらできていません。

だから、前章で見たように、歴史認識問題でも河野談話・村山談話・アジア女性基金でひたすら謝り、嵐が過ぎ去るのを待つという姿勢だったわけです。このような対応はもうそろそろ変えていかないといけません。

そのためには、毅然と反論する姿勢、日本の立場を明確に主張する姿勢を評価する空気を外務省内で育てていく必要があります。

波風を立てずに、なあなあで収めてくる外交官を評価するのではなく、時には毅然と席を立って帰ってくる。交渉が決裂してもいいから日本の言い分を理路整然と主張して相手や第三者に伝えてくる。こういう姿勢を評価するような外務省にしていかないと、やはり骨のある外交はできません。

山岡：1933年に松岡洋祐が日本の国際連盟脱退を表明し、そこから日本の孤立が深まっていったという過去の事例がトラウマになっているんですかね。

山上：私が経済局長を務めていた時に日本は商業捕鯨を再開するためにIWC（国際捕鯨委員会）から脱退したのですが、当時やはりOBも含めた外務省内の何人かから「君は松岡洋祐みたいなことをするのか」と言われましたね。

しかし、国際連盟とIWCでは、状況と重みが全然違います。国際連盟は当時国際社会の平和と安全を担っていた普遍的な国際機関、片やIWCは捕鯨という単独の問題について扱う専門的・実務的な国際機関です。

それに、IWCの設立条約（国際捕鯨取締条約）の前文には、鯨の保存とともに、捕鯨産業の秩序ある発展も図ることが明記されています。ところが、実際はIWC自体が反捕鯨国に占拠、蹂躙《じゅうりん》されているので、捕鯨産業の発展に対する理解など全然ありません。捕鯨国の日本としてはそんな機関に属していても仕方ないから、脱退する道を選んだわけです。

そもそも、IWCからの脱退など、別にそれほど珍しいことではありません。過去にも20カ国ぐらい例はあります。あるいは、カナダのように、一旦脱退してまた復帰した例まであるくらいです。だから、脱退自体は特異でも何でもない。

私を「松岡洋祐」扱いした人たちに対しては、そういう説明をして「何が悪いんですか」と言い返した次第です。

単なる「場」に過ぎない国連をありがたがる日本人

山上：事程左様《ことほどさよう》に日本人は国際機関を偶像視する傾向があります。だから主権に対するこだわりが弱い反面、「国際」という言葉を突きつけられると腰が引けて妥協してしまう。これは戦後の日本外交最大の弱点です。

実際、国連に弱い外務省は、一時期「国連中心主義」などという意味不明なスローガンを唱えていました。「フォーラム」でしかない国連を奉《たてまつ》るなんて、どうかしています。

山岡：その関連でいうと、日本人はユネスコの世界遺産に登録されると喜ぶ傾向がありますが、あれも私はあまり過剰に喜ぶべきではないと思いますね。

山上：世界遺産はなぜか日本ではすごく奉られますが、他の国では全然違いますからね。

山岡：日本人の間には、何となく国連が権威ある素晴らしい組織であり、そこからお墨付きをいただくことが栄誉だという「国連信仰」があります。

国連は確かに日本としては付き合っていかなければいけない存在です。しかし、それを偶像化して崇め奉るのは明らかにおかしいと思います。

山上：本来は単なる「場」でしかないですよね。

山岡：おっしゃる通りです。それなのに、日本はなぜかその「場」と一体化して、国益よりも国連を重視する外交を続けてきました。それはすなわち、自分の国益を中心に据えた軸・背骨がないまま、相手の要望には積極的に応えるという、他律的な外交です。相手を怒らせない、相手を動揺させない、敵をつくらない、嫌われないことを至上命題とする外交です。この他律的な発想を根本から変えないといけません。

山上：それを変えるには、まさに今がいい時期だと思います。前章でも述べた通り、今は冷戦後の曖昧な時代が完全に終わり、歴史的なパラダイムシフトが起こりつつあります。ロシアも中国も、自由と民主主義という基本的価値を共有することはなく、力と脅迫によって国際社会の秩序を一方的に変更しようとしています。

もはや中国にいくら「日中友好」「戦略的互恵関係」と呼び掛けたところでこちらの期待通りに相手が動いてくれる時代ではないし、北方領土の二島返還でロシアと話がつくような時代でもない。そういう認識に日本が切り替わるチャンスです。

それからもうひとつ、日本が変われるいいタイミングだと思える理由は、これも前章で述べた通り、アメリカが弱く見える時代になったということです。「弱いアメリカ」は、中国やロシアを「過信」させる危険性をはらんでいますが、同時に日本人の自立を促す要因にもなりえます。

若い世代の人たちは、ひと昔前と違って、アメリカに対するコンプレックスがありません。メジャーリーグでの大谷翔平の活躍や日本のWBC優勝に象徴されるように、日本人はさまざまな分野で「アメリカ相手でも互角以上にやり合える」という自信をつけています。

だから、国民は「スポーツ選手は相手がアメリカでも臆することなく挑んでいるのに、政治家は何をやっているんだ。なぜ外交ではそれができないんだ」と政治家や外交官の尻をどんどん叩いていくべきです。

山岡：国連が日本に対して出してくる「勧告」の原語はrecommendation（推奨）なのですが、それを勝手に「勧告」と訳して権威付けしているのは日本政府（外務省）だという笑えない話があります。

私はある新聞社の人に「勧告」と訳すのは止めた方がいいと言ったことがあるのですが「横並びで決まっているので変えられない」と言われました。

捕鯨問題で日本が見せたタフな外交

山岡：ところで、先ほど捕鯨のお話をおうかがいして個人的にすごく腑《ふ》に落ちるところがありました。実は私、オーストラリアで捕鯨問題についても取材していた時期があり、英語の記事も書いたことがあります。

その時に感じていたことは、「あれだけ歴史問題でダメダメだった外務省が捕鯨問題ではものすごく粘り腰でタフな外交をしているぞ。なぜだろう。歴史的に日本人にとって捕鯨は大事かもしれないが、さすがに歴史問題ほど大きく国益を左右するものではない。捕鯨問題でこれだけ粘り強い外交ができるんだったら、歴史問題の方ももっと力を入れてやるべきではないのか。この温度差はいったい何なんだ？」という疑問です。

これを当時から問題意識としてずっと持ち続けていたのですが、たった今、その謎が解けました。山上先生が指揮されていたからなんですね。道理で腰が強いわけだ（笑）。

山上：過分なお褒めにあずかり、ありがとうございます（笑）。実際、私が経済局長を務めていた時代に一番エネルギーを注いだのは捕鯨問題なのです。

本当に大変なオペレーションでした。いかにしてＩＷＣから反捕鯨国の反発を招くことなく円滑に脱退し、当時日本が結ぼうとした日本・ＥＵ間のＥＰＡ（経済連携協定）に悪影響が出ないようにするか、という課題があったからです。

ヨーロッパも反捕鯨国が多いので、ＩＷＣ脱退を理由にＥＰＡに待ったをかけられるようなことがあっては、日本の国益を害されてしまいます。そういう反発が出ないよう、静かにしつつも毅然とした態度で取り組む必要があったわけです。

このオペレーション自体は、自民党捕鯨議連と政府の連携、首相官邸、水産庁と外務省との協力も非常にうまく機能して、最終的には成功しました。日本が国際機関から平穏に抜けることができた良い前例になったと思います。

同時に、これは他の国際機関に対する、ある種のプレッシャーにもなったはずです。つまり、「いざとなったら日本はあなたのところからも脱退しますよ。言いなりになって分担金や拠出金を払い続けるだけでなく、抜けようと思えばいつでも抜けられるんですよ」というメッセージにもなりました。

このように「脱退」を外交オプションとして持っておくのは、日本にとっても大事なことです。湯水のように無駄なお金を使うだらしない国際機関や政治的に偏向した国際機関は他にも少なからずありますからね。

山岡：私も当時、端から見ていてこれが同じ日本政府かと不思議に思っていたのですが、最終的にIWCから脱退するにせよ、そこにはちゃんとした戦略を読み取ることができました。まったく軸がなくて、場当たり的で、事なかれ主義の土下座外交を展開していた歴史問題とは大違いだなと。

歴史問題より捕鯨問題が優先された政治の力学とは？

山上：当時、東京から新幹線と在来線を乗り継いで片道6時間かけて、捕鯨で有名な和歌山県の太地町も訪れましたよ。捕鯨の基地を見学し、三軒一高町長ら関係者の方々と、どうやって捕鯨産業を日本に残していくか、とことん話し合いました。太地町の郷土料理「イルカのすき焼き」をつつきながら。そうしたこともあって、本当に捕鯨問題の仕事は達成感がありましたね。

山岡：当時私は「捕鯨が大事なのはわかるけど、オーストラリアとの関係も非常に大事だから、そこであまり軋轢《あつれき》を起こしすぎないようにしてほしい。もし何かで妥協するなら捕鯨で多少妥協しても、オーストラリアと折り合いをつけた方が良いだろう」と考えていました。

確かに捕鯨産業の伝統や文化などは守らなければいけないけれど、鯨やイルカを日常的に食べている日本人は、今日ではそれほど多くはない。

オーストラリアとの関係を重視するなら、捕鯨問題で多少妥協しても別にいいのではないか。歴史問題で変な妥協をされると、日本の国益にとって致命的なダメージになりかねない。だから、もしどちらかで妥協するとしたら、捕鯨の方だろうと考えていたわけです。

山上：それは利害得失を比較衡量したうえでの「べき論」としてはわかりますが、自民党の中では別の力学が働いていたと思います。

と言うのも、自民党は捕鯨産業を自分たちのシマと見ています。要するに、業界団体は資金源ですし、捕鯨産業関係者は票田でもあります。やはり政治家は、票とお金が関わる話になると、どうしても「お得意様」を優先します。

山岡：そこなんですよね。

山上：おそらく歴史認識問題では、日本遺族会と靖国神社参拝のような限られた繋がりを除けば、票とお金につながらないと思っているのではないでしょうか。もちろん、歴史問題で下手なことをすれば、保守層がソッポを向いて、自民党への支持が揺らぐ面はあるでしょう。しかし、それは彼らからすると、票とお金の損失に直結するほど差し迫った危機ではない。そういう意識があるから、歴史問題よりも捕鯨問題が優先されたわけです。

山岡：本来のあるべき優先順位が逆になってしまうんですね。

山上：自民党のもとには、捕鯨産業の関係者がたびたび陳情に来ます。彼らとの人間的な付き合いもあれば、献金もあります。そうすると政治家としてはやはり歴史問題よりも捕鯨問題に力を入れることになる。歴史問題で「もっとしっかりやれ」と言う人たちは自民党の政治家のところに直接お金と票をもってくるわけではないですからね。そういう意味では、自民党の政治家たちは極めて即物的に動いていています。

山岡：なるほど。外交の力の入れ具合には、自民党内の力学、政治家の目線がどこに向いているかという問題が根本にあるわけですね。理念とか国家の尊厳よりも票と金なわけです。それから、もうひとつ重要なのは、実務のオペレーションを誰が担当しているか(笑)。山上先生だったなら納得です。本当に粘り強さが全然違いました。

外務省を変えるには「人」が大事

山岡：山上先生の捕鯨問題での取り組みや戦狼外交との戦いのように、戦後レジームの枠からはみ出すような行動をした外交官は、外務省の本省から「よくやった」と褒められるどころか、「なんてことをしてくれたんだ！　やり過ぎだ！」と怒られてしまう。日本の国益のために行動した外交官こそ本来評価されるべきなのに、逆に省内で批判されてしまう。この外務省のおかしなカルチャーを変えるにはどうすべきでしょうか。

山上：つまるところは、やはり「人」でしょうね。外務次官など、人事権を持つ組織の中枢にいる人間がまともであれば、組織全体もまともになっていくと思います。そうなっていないのが日本外交の劣化の最たる原因です。

では、その組織の中枢にいる「人」を誰が選ぶのかという話になりますが、今の時代は内閣人事局、すなわち時の政権です。そうなると露骨に政治に阿《おもね》って尻尾を振る人間が出てくるのも外務省をはじめ霞が関の寂しい実態です。

各省庁の幹部600人以上の人事を握る内閣人事局が2014年に内閣官房に設置されて以降、官邸による官僚への影響力は、以前とは比べものにならないほど強化されました。

この内閣人事局を通して、各省庁の主要ポストが決まっていくという制度がある以上、やはり首相や閣僚になる政治家自身が人を見る鑑識眼を備えて、しっかりと人事をしていく必要があります。

自分の言うことを聞く官僚、あるいは自分の秘書官だった官僚を重用するような「愛《う》い奴《やつ》」人事ではなく、少々鼻っ柱が強くても国家・国益のことをしっかりと考えている人材を重用していく。結局はそれに尽きますよね。

だから、今の時代、各省庁の働きに対する政治家の責任はすごく重いと思います。

山岡：官僚機構が国益のために正常に機能するためには政治家がしっかりしていなければならない。これが基本中の基本ですね。

外務省も浸透工作のターゲットに

山上：機微な話をすると、この「人が大事」という話には、セキュリティ・クリアランスでしっかりと「人」をチェックするという意味も含まれています。

私はインテリジェンスに関わっていた人間なので、特定秘密保護法のもとでの適性評価を受けました。これは意外としっかりしています。

自分の祖父母まで遡って日本国籍かどうか、帰化したのであればいつしたのか、帰化する前の国籍はどこだったのか、さらに本人の犯罪歴や借金の状況、酒癖、ギャンブル癖といったことまで申告しなければいけません。もちろん、本人が同意したうえで行われるものなので、適性評価を受けたくない人は受けなくていい。しかし、受けていない人は重要な情報にアクセスできない、という制度です。

とは言え、これからは官僚幹部や国会議員が全員このようなセキュリティ・クリアランスを受ける体制づくりが必要だと思います。中国・ロシア・北朝鮮という日本の周辺国が浸透工作を仕掛けてくる以上、セキュリティ・クリアランスで国家の守りを固めていくべきです。そのために対象者の親族や帰化前の国籍を調べることは人種差別でも何でもありません。

ところが、こういう議論をすると、官僚の中でも必ず反対する人たちが出てきます。なぜなのか。もうすでに外務省の内側に入り込んでいるからと考える発想が必要です。

山岡：そういうことですよね。

山上：身元がばれるのが嫌なのでしょうね。

外務省はずっと「帰化人の役所」などと右の人たちから言われてきました。私も40年間も外務省の中にいた人間だからわかりますが、さまざまな事情から、日本以外にも背負っているものがある人がいるのは確かです。むろん、そのすべてが他国の工作員や不当な影響を受けているという話ではなく、左翼に感化したり、純粋に自分の父祖の出身国と日本との関係の橋渡しをしたいと思っている帰化人もいるでしょう。

一方、他国の工作員もさることながら、新興宗教団体や政治団体などが外務省に人を送り込もうと努めているのではないかという点も夙《つと》に指摘されてきました。もちろん、これは外務省に限った話ではありません。

例えば警察庁は独自にチェックして警備・公安などの仕事は厳選された人をあてるようにし

ていると承知しています。

実は外務省も、かつては採用の際に家庭訪問をするなど厳正なチェックを行うなど、条約畑や日米安保条約関係部署など機微な情報を扱う部署には、不適格者を配属させないようにしていたと諸先輩から聞かされました。

ところが、1999年に自公連立政権が誕生したのがひとつの転機だったのでしょうか、こうしたチェックのハードルのみならず、根底にあった問題意識が甚だしく緩んできたように受け止めています。

山岡：外務省内の創価学会グループといえば、いわゆる「大鳳会」ですよね。

山上：週刊誌やネットなどでたびたび取り上げられてきた問題ですね。

外務省におけるこうした人たちの存在が日本の外交政策に相当大きな影響を与えてきたことはつとに指摘されてきました。

護憲、反戦平和、歴史問題での謝罪、親中を信条としており、総じて安全保障や武器輸出に対しては腰が引け、慎重論を展開してブレーキをかけることになってきたという指摘です。集団的自衛権の議論の時には、それが如実に出ていましたよね。

また、チャイナスクールにも親和性が高く、物申すことよりも宥和に流れて対中政策にも影響を及ぼしてきたことは否定できないでしょう。かつてのインドに始まり、国連、フランス、スペイン、オーストラリアなどの主要な大使ポストを占めてきたことは省内では知る人ぞ知る話です。

共産党に関していうと、1990年代半ばの駐ロシア大使で渡辺幸治という方がいました。情報調査局長や経済局長を歴任するなど、私と同じようなルートを歩んだ大先輩です。ロシア大使の前には、イタリア大使も務めていました。とにかく出世した人ですが、この方の奥さんがなんと松本清張の娘です。松本清張と言えば、もう限りなく共産党員に近い共産党シンパと評されてきた作家ですよね。その娘がロシア大使夫人であった。ロシアは歓迎したでしょうね。

山岡：すごい話ですね。

山上：日本の主要メディアではまず取り上げられない話題ですが、これはウィキペディアにも出ていますし、外務省の一部の人間の間では常識です。

いずれにせよ、いろいろな政治信条を背負いこんだであろう省員の存在、カウンターインテリジェンス的に言えば、各種勢力による「浸透」が外務省の軟弱な対外姿勢の一因になっているのは、まず間違いないだろうと私は見ています。

だから、私が少しでも中国や北朝鮮、韓国との関係で何か厳しいこと言うと必ず外務省の内部から「山上はあんなに過激で大丈夫なのか」「外交官としてふさわしくないんじゃないか」といった〝刺し〟が入りました。

問題は、そのような状況下でも毅然とした外交ができるかどうかです。だから、結局は「人」が大事になってきます。

第一章でオーストラリアが浸透工作の対象になりやすいという話題が出ましたが、やはり日本も浸透しやすい国です。

日本人は相手が日本国籍を持っていると聞くと、すぐに安心する傾向があります。帰化した時期や以前の国籍などはわざわざ問いません。だから、日本の国益実現とは別の目的を持った人たちが外務省にも続々と入ってくることを止められないわけです。

おそらく、こうした外務省に対する「浸透」自体は今後もなくならないでしょう。だからこそ、そうしたものに染まっていない「人」を集めて、育てて、増やしていくことで、特異なバックグランドや政治信条を持った連中が組織全体を席巻することがないようにバランスをとって「相殺」していく必要があります。

日本の外務省が将来にわたって国民、さらには海外のカウンターパートから信頼される存在になれるかどうかは、それにかかっている気がしますね。

山岡：政治家もしっかりチェックする必要がありますね。その意味で、先般成立したセキュリティ・クリアランス法は抜け穴が多すぎると思います。

外務省は国家・国民を象徴する「公器」

山岡：あとはやはり世論ですよね。やはり国民の後押しで、外務省に本来の仕事をしてもらう。すなわち、政治家の票や資金につながるか否かではなく、国益を軸にした外交をすべきだという世論をしっかりと国民側で形成していく必要があると思います。

以前、ある大企業の元社長さんと同席した際、私が「これからは日本もきちんと国益中心の外交をしてもらわないと困る」と言ったら、その方は「国益という言葉には違和感がある。国益を追求しないことが日本の国益です」と真面目な顔で言っていました。

山上：それは戦後平和主義に毒された書生論の綺麗事です(笑)。やめてほしいですね。

山岡：有名大企業の社長を務めていた人がそんな発想でした。信じ難い綺麗事ですよね。その元社長は当時70代の方でしたが、それが戦後のエリート、知識人層の一般的なメンタリティだと思います。

山上：みんな朝日新聞の天声人語をせっせと読んで受験勉強をして、岩波書店の本を読んで育ってきた人たちですからね。そうやって朝日・岩波文化に毒されてきたうえに、東大法学部に入れば、宮澤俊義・小林直樹の憲法の授業で「自衛隊は憲法違反の恐れがある」などという現実と国際常識から遊離した講義を聞かされる。これでは日本社会の軸が狂うのも当然です。今では日本社会の軸が、明らかにグローバル・スタンダードで見て左にずれてしまっています。それも、甚だしく左に。

これをどうやって立て直すべきか。別に右に行く必要はありません。いかに真ん中に戻していくかです。

世界標準で言えば、例えば安倍元総理は極右でも国粋主義者でもない。単なるセンターライトです。日本は極右どころか、保守なんて本当にいるのかと思えるぐらい柔《やわ》な国なのです(笑)。だから、「日本は世界標準からズレている」という自己認識から始めていかないと、日本社会はズレたままです。それでは、いつまで経っても国際場裡で大縄跳びが飛べません。

山岡：それにはやはり外務省のプロの外交官の世界だけではなく、もっと幅広く国民一般のレベルで「人」の育成が大切だと思います。

つまり、世論を変えていくことで、政治家の意識も変えていく。政治の意識・方向性が変われば、外務省自体も変わらざるを得なくなってくると思います。

そういう抜本的な、安倍晋三さんが目指して果たせなかった、本当の意味での「戦後レジームからの脱却」を今こそ実現しなければいけない。

山上：おっしゃる通りです。外務省だけを問題視していても、これまで山岡先生とお話してきた日本の課題は解決しません。

国全体としてどうやって能力を向上させていくか。そういう大きな絵柄で物事を考える必要があります。情報収集能力のみならず、交渉力、語学力、対外発信力もしかりです。

外務省は国家・国民を象徴する「公器」です。

あえて刺激の強い言い方をすれば、日本は、国民の民度や知的成熟度にふさわしい外務省、外交官しか得られません。

日本の弱腰外交を外務省単独の問題としてあげつらうのではなく、外務省の弱みは日本国全体の弱みであるという発想に立ち、より大きなレベルでの解決を追求するべきですね。

山岡:本当にその通りですね。

おわりに

山上信吾

「シドニーで慰安婦像設置にブレーキをかけたスゴ腕の日本人がいる」

駐オーストラリア特命全権大使として天皇陛下から皇居で信任状を授与された私が豪州赴任の準備を進める際に、何人もの関係者から聞いたその名前は山岡鉄秀さんでした。私がキャンベラに着任した時には山岡さんはすでに日本に帰国されていたため、残念ながら2年4カ月に及ぶ在任中にお会いして話をうかがうことはかないませんでした。

しかしながら、駐豪大使の任を終えて帰国後、インターネットテレビの文化人放送局の番組で初めてお会いし、たちまち意気投合したのです。嬉しいことに、その後何度もじっくりと意見交換をする機会に恵まれ、今日に至っています。

外交官生活の最大の醍醐味は、人との出会いです。特に、在外公館で勤務する際には、霞が関の外務本省に居続けていたのであれば知り合う機会がまずなかったような人と知己を得ることができます。山岡さんとの出会いは、そんな喜びを再認識させてくれたのです。

山岡先生からシドニーでの武勇伝をうかがうにつれ、私としてもハタと膝を打つことが数多くありました。「歴史戦」と聞くと、ハードルの高さを感じて身構えてしまう人が多いのではないでしょうか？　でも、本書に詳しく記されている山岡先生の説得力に富む体験談を読んでいただければ、そのような印象が払拭されるのではないかと思います。

「相手の土俵では勝負しない」

「歴史論争に引きずり込まれるのではなく、自分たちを受け入れてくれているオーストラリア社会を分断してしまう危険を理性的に訴える」

これぞ至言ではないでしょうか。

なにも「歴史」とは、大東亜戦争の歴史だけではありません。戦前・戦後、オーストラリアであれ、アメリカであれ、イギリスであれ、日本人、日本企業が移住・転勤先、取引・投資先の現地社会に溶け込むよう、誠実かつ地道に努力を重ねてきたのも、また脈々と流れる「歴史」です。歴史戦に臨むうえでは、そうした長年の積み重ねから得られてきた日本や日本人の信用度が最大の武器になると信じています。山岡先生の貴重なご経験は、そのことを如実に物語っていると受け止めています。

また、山岡先生のような民間の方々による草の根の地道な働きかけがあってこそ、政府関係者による日本のナラティブの擦りこみが有効に機能するのではないでしょうか。その意味では、民のレベルでの働きかけと、官のレベルでの発信、反論は車の両輪と言えましょう。

思い返せば、40年に及んだ私の外交官生活で通奏低音のように常に付きまとってきたのが歴史認識問題でした。その本質は、「先の大戦」をめぐる歴史認識において日本社会が左右に分断されており、その分断が諸外国から外交的に利用されてきたと言っても過言ではないでしょう。同時に、嘆かわしいことに、多くの歴史問題が日本発でもありました。あの朝日新聞までが虚言と認めた吉田清治氏のように、南京事件や慰安婦問題等で顕著に観察された通り、事実を捏造《ねつぞう》、誇張して問題をつくり出し、ソウルや北京に「ご注進」とばかりに伝えて、外交上の火種を煽ってきた輩《やから》が日本に存在していたことも歴史的事実であります。外交問題化してしまった歴史認識問題の扱いに苦慮した往時の日本政府が河野談話や村山談話を発出して火消しを図ったものの後手後手の対処療法に終わり、その後は謝罪の繰り返し、補償（金銭の支払い）を求められたのも、また歴史的事実でした。

そんな有様を外交最前線で繰り返し目の当たりにしてきた私にとって忘れ得ない鮮烈な体験が二つあります。

ひとつは、アイリス・チャンの『レイプ・オブ・ナンキン』が出版されたときの米国ワシントンでのこと。アメリカの三大テレビ局の討論番組にチャンと一緒に日本の駐米大使（当時）が出演しました。南京事件という扱いが難しい事案についてテレビの生放送出演を承諾した大使の心意気や良し、です。しかしながら、実際に繰り広げられた番組での問答では、南京事件が大虐殺であったとして日本軍の非道を言い募るチャン女史に対し、日本大使は、本書でも説明した国会答弁的な応答ラインを繰り返すだけにとどまりました。そのため、ディベートに勝利したとは到底言えない結果に終わりました。まさに、両手を後ろ手に縛られて殴られるままだった、という形容がふさわしい出来栄えでした。

もう一つの体験は、その後、20年近く経った英国ロンドンでのこと。尖閣諸島周辺海域における中国漁船船長による日本の海上保安庁巡視船への激突事件、国有化、中国の公船による領海侵入といった一連の展開に英国メディアの関心が高まり、駐英日本大使と中国大使の双方がBBCテレビのインタビューに個別に応じることとなったのです。テレビ出演に先立っては両大使による英国高級紙への寄稿が行われたところ、その段階では日本大使による主張の方が理路整然として明らかに優勢であったと評されていました。ところが、テレビインタビューの段になると、間違った事実関係を堂々と胸を張って滔々《とうとう》と主張し続けた中国大使の弁舌に接し、多くの英国人が中国側に軍配を上げてしまったのです。

これが、日本が臨んでいた歴史戦の惨状であり、悔しいことに、日本のトップクラスの外交官の力量を反映したものでもありました。こうした「負け戦」に触発された私は、その後、昼夜となく10年、20年と筋トレを続けたのです（笑）。いつ、いかなる国で自分が日本政府を代表する立場に立って歴史戦の当事者になろうとも、理屈、プレゼンテーションの双方においてオメオメと負けることだけは決してすまい、と心に誓って研鑽に努めた次第です。その過程では、あまたの歴史関連書籍を渉猟《しょうりょう》するだけではなく、プレゼンに秀でた英語圏、さらにはイスラエルやロシアなどの他国の外交官からも「技」を学ぶよう努めました。また、在勤したロンドンでは英語の家庭教師をつけ、改めて発音の矯正を図るとともに、英語圏のインテリがなじんでいるスピーチや詩の教授も受けました。聞き手が納得する知的な言い回し、比喩、譬えなどを貪欲に吸収しようとしたのです。

そうした訓練の集大成がキャンベラでの大使勤務だったのです。

着任は2020年末。大東亜戦争終戦から75年が経過していたにもかかわらず、豪中経済紛争において豪州が腰折れしないよう声援を送り続けた日本大使に対し、中国大使、大使館は容赦なく執拗に「歴史爆弾」を浴びせ続けてきました。その模様は本書でも語った通りですが、拙著『中国「戦狼外交」と闘う』(文春新書)では時系列でやりとりをまとめましたので、関心を持たれた読者にはぜひお読みいただければと思います。

振り返って見て自分の手法がどこまで成功したと言えるか、自信はありません。もっと研鑽を重ねる余地があったことは否定できません。いずれにせよ、評価は自分がすべきことではなく、他者に委ねるべきものです。本書「はじめに」で山岡先生から頂戴した寛大な評価は汗顔の至りでもあります。ただ、そんな私の拙い経験であっても、あえて書籍に残すことが今後の対応の参考になるのであれば幸いです。

残念ながら、「キャンベラでやり過ぎた山上は退官に追い込まれた」と一部から受け止められているせいなのでしょうか、私がキャンベラを去った後の日本大使館は、豪州人や在留邦人の方々に言わせれば、「静かになってしまった」「存在感がなくなった」とのことです。悲しいことには、「後任の大使は、当初一年間はメディアのインタビューを受けないと周囲に喧伝し、大使館の外に出ていくことはせず内に籠っている」という話を大使館の豪州人スタッフからも聞かされました。

こんな状況が世界各地の在外公館で繰り広げられるようであれば、日本国が歴史戦で勝つことなど、とても無理でしょう。また、反日勢力が歴史カードの振りかざしをあきらめることもないでしょう。

という次第で、本書は歴史戦、外交戦にいささかなりとも関心と興味を有するすべての方に読んでいただきたい本です。山岡先生の経験談は、在留邦人としてすでにオーストラリア、アメリカ、イギリスなどの外国に住んでおられる方はもちろんのこととして、これからビジネスで海外赴任する、国際結婚して配偶者に付き添う、海外の大学に留学する、ワーキング・ホリデイを活用する方々それぞれに何らかの参考やヒントになることが多々盛り込まれているように思います。また、不肖私の経験は、日本外交の将来を担う世代が一対一の闘いに強くなることを期して読んでもらいたいと思います。のみならず、外務本省、在外の大使館や総領事館の歴史戦への取り組みが甘いと感じておられる日本国民の皆様にぜひとも目を通してもらい、彼らを叱咤《しった》激励していただきたいと思います。

来年は戦後80年。本書で記したような民と官との連携がさらに強化され、長年にわたって日本外交を呪縛してきた歴史問題の桎梏《しっこく》から我が国が解放されることを切に祈念しております。私も野にあって、山岡先生をはじめ志を共有する方々と力を合わせ、そのためのささやかな努力を惜しまないつもりです。

山上信吾(やまがみ しんご)

前駐オーストラリア特命全権大使。アボット元豪首相をして、「豪州人の心に永遠の印象を残した桁外れの大使」と言わしめた。1961年東京都生まれ。東京大学法学部卒業後、1984年外務省入省。コロンビア大学大学院留学を経て、2000年在ジュネーブ国際機関日本政府代表部一等書記官、その後同参事官。北米二課長、条約課長を務めた後、2007年茨城県警本部警務部長という異色の経歴を経て、2009年には在英国日本国大使館政務担当公使。国際法局審議官、総合外交政策局審議官(政策企画・国際安全保障担当大使)、日本国際問題研究所所長代行を歴任。その後、2017年国際情報統括官、2018年経済局長、2020年駐オーストラリア日本国特命全権大使に就任。2023年末に退官し、現在はTMI総合法律事務所特別顧問、笹川平和財団上席フェロー、JPRC顧問等を務めつつ、外交評論活動を展開中。著書に、駐豪大使時代の見聞をまとめた『南半球便り』(文藝春秋企画出版部)、『中国「戦狼外交」と闘う』(文春新書)、『日本外交の劣化　再生への道』(文藝春秋)がある。

X(旧Twitter):@YamagamiShingo

山岡鉄秀(やまおか てつひで)

1965年、東京都生まれ。中央大学卒業後、モービル石油株式会社を経て、シドニー大学大学院、ニューサウスウェールズ大学大学院修士課程修了。2014年4月豪州ストラスフィールド市で中韓反日団体が仕掛ける慰安婦像公有地設置計画に遭遇。シドニーを中心とする在豪邦人の有志と反対活動を展開。オーストラリア人現地住民の協力を取りつけ、2015年8月阻止に成功。現在は日本で言論活動中。公益財団法人モラロジー道徳教育財団研究員。令和専攻塾塾頭。著書に『日本よ、もう謝るな!』(飛鳥新社)、『日本よ、情報戦はこう戦え！』『新・失敗の本質』(共に育鵬社)、『シン・鎖国論』(方丈社)、共著に『日本を貶め続ける朝日新聞との対決 全記録』(飛鳥新社)、監訳書に『目に見えぬ侵略』(クライブ・ハミルトン著、飛鳥新社)、『中国、ロシアとの戦い方ー台湾・日本をウクライナにさせないための方法』(アンドリュー・トムソン著、ワニブックス)などがある。

X(旧Twitter):@jcn92977110

歴《れき》史《し》戦《せん》と外《がい》交《こう》戦《せん》

日本とオーストラリアの近現代史が教えてくれる
パブリック・ディプロマシーとインテリジェンス

著者　山上信吾　山岡鉄秀

2024年12月10日　初版発行

構　　成　吉田渉吾
校　　正　大熊真一（ロスタイム）
編　　集　川本悟史（ワニブックス）

発 行 者　髙橋明男
発 行 所　株式会社ワニブックス
〒150-8482
東京都渋谷区恵比寿4-4-9 えびす大黒ビル
ワニブックスHP　http://www.wani.co.jp/

お問い合わせはメールで受け付けております。
HPより「お問い合わせ」へお進みください。
※内容によりましてはお答えできない場合がございます。

印 刷 所　株式会社 光邦
D　T　P　アクアスピリット
製 本 所　ナショナル製本

ISBN 978-4-8470-7510-0